♥ 專屬O型人的血型星座大解析

永續圖書線上購物網　　　　　讀品文化事業有限公司

www.foreverbooks.com.tw　　　　　yungjiuh@ms45.hinet.net

幻想家系列 57

專屬 O 型人的血型星座大解析

編　　　著	米蘭達
出 版 者	讀品文化事業有限公司
責任編輯	范靖慈
封面設計	林鈺恆
美術編輯	王國卿

總 經 銷	永續圖書有限公司
	TEL／(02)86473663
	FAX／(02)86473660
劃撥帳號	18669219
地　　　址	22103 新北市汐止區大同路三段 194 號 9 樓之 1
	TEL／(02)86473663
	FAX／(02)86473660
出 版 日	2018 年 12 月
法律顧問	方圓法律事務所　涂成樞律師
CVS 代理	美璟文化有限公司
	TEL／(02)27239968
	FAX／(02)27239668

國家圖書館出版品預行編目資料

專屬 O 型人的血型星座大解析／米蘭達編著.
--初版.--新北市　：讀品文化,民 107.12
　面；公分.--（幻想家系列：57）
　ISBN　978-986-453-086-1（平裝）

1. 血型　2. 占星術

293.6　　　　　　　　　　　　　　　107017832

前言

　　血型與星座是年輕人都感興趣的話題，有人形容「星座是小資的大本營，血型是文青的補血劑」，這個比喻十分形象。無論是陌生人之間第一次見面還是朋友聚會，只要一提到血型與星座的話題，總能引起大家熱烈的交談興趣。血型與星座之間的微妙關係，兩者在分析人的氣質、性格上的契合與關聯，無論是篤信它們或者僅僅只是作為一種娛樂，總讓人們產生一種精神上的愉悅。

　　那麼，血型與星座是否能決定一個人的性格呢？在1927年，日本教授古川竹二對1245名對象進行血型調查研究，調查結果發現，雖然四種血型具有很大的差異，每個人的性格也不盡相同，但是同一種血型的人具有非常相似的性格氣質。

　　A型人隨和穩重，B型人聰明爽朗，O型人熱情活躍，AB型人自信冷靜。日本血型專家能見俊賢先生說「血型是性格的基礎」，很精煉地概括出了血型與性格的關係。

　　可以說，血型影響著性格，也影響著我們的生活方式。而影響人們性格的不僅僅是血型，還有星座。十二星座是根據人們出生時太陽經過黃道的十二個區域所劃分，從科學的角度來

說，星座與地球在太陽系中公轉的位置與星座密切相關，在同一個時段裡，受同樣的位置、氣場的影響，同一個時段出生的人在性格會有相似點。

既然血型與星座共同影響人們的性格，那麼四種血型與十二星座的排列組合，將更細緻更精準地剖析不同血型星座的不同性格。

人生總有些宿命的味道，有的人一出生就有著別人羨慕的富裕的生長環境，不用擠破腦袋在社會上廝殺就能獲得很高的地位和成就，而有的人生來一無所有，靠自己的努力一點點的努力拼搏，可能奮鬥到白髮蒼蒼也沒有達到那些人生來就有的條件。儘管宿命不是人生的真正內涵，儘管血型與星座不能解答我們對於宿命的困惑，但是血型與星座能夠讓我們更加瞭解自我，瞭解他人的性格，能夠幫助我們更加和諧地處理與家人、朋友、同事和戀人之間的關係，讓我們擁有更加完美的人生。

O型是四大血型中最古老最原始的血型，大約出現於西元前4萬年前。O型人的數量僅次於A型，他們富於變化又幽默風趣，天生好「鬥」的意識使他們在團體中渴望成為領導者，他們心懷浪漫，卻耐不住寂寞，是浪漫的英雄主義者，這是O型人的顯性特點。

關於O型人，還有哪些你不知道的祕密呢，如何贏得O型上司的青睞，O型血真的是萬能的嗎？關於O型血的限制級祕密，即將在本書中揭曉答案。

　　本書是提供給O型人或關心O型人的星座說明書,書中詳細分析了O型人的性格特徵以及O型人關心的一系列問題,O型人怎樣與人交際,怎樣玩轉職場,在健康養生方面應注意什麼問題等等,書中一一做出解答。並把O型與星座排列組合,更為細緻地剖析不同星座的O型人的性格特徵、人生運勢、職場命運、戀愛攻略、財富密碼、健康驛站等,讓O型人更加瞭解自己,並向大家說清楚自己。讓關心O型人的人讀懂O型人,與他們和諧共處。

1

O型人性格奧妙剖析

2

O型人輕鬆玩轉職場

3

O型社交達人的實戰技巧

4

O型人養生大揭祕

5

O型人家庭生活小提示

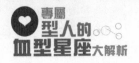

6 O型人之黃道十二宮

開篇

　　「血型」人們越是關注它，就越發現它的神祕之處。我們之所以說它神祕，是因為我們從出生之時就被劃定為某個血型，而且這一特質將伴隨我們的一生。相信你身邊一定會有不同性格、脾氣和品性的朋友──有人愛幻想、常常感動於生活中的小細節，有人則時常被戲稱為「冷血動物」；有人天生憂鬱，有人則總是在人群中成為閃亮的焦點；有人做事猶豫不決，有人行為之前必做縝密的準備和思考。

　　當然，我們身邊也許也不乏那種「雙重性格」的朋友，即既有活潑的一面，又有安靜穩重的一面。這種人有時會讓身邊的人覺得難以捉摸，甚至費解。雙重性格其實是一種複雜的多面人生狀態，人們往往在面對不同的人或不同的事時選擇採取不同的狀態去面對，以達到結果的平衡。

　　相信大家對一句話十分熟悉，那就是「細節決定成敗」。但其實這句話更深一層的含義是細節決定命運，而性格決定細節。因為血型能夠幫助我們用科學的方法更好地瞭解自己的性格、判斷自己的人生方向，可見血型的重要性。

　　說到這裡，有人會有疑問，「那是不是說只要血型一樣的人，就一定有著相同的個性呢？」答案當然是否定的。雖然我

們說血型決定著性格，但外因同樣可以改變一個人的個性。就好比番茄雞蛋這道菜，雖然原料都是一樣的，但不同的廚師會做出不同的味道。

不過，話又說回來了，番茄雞蛋再怎麼做也是番茄雞蛋，絕對不會變成糖醋排骨的，所以從這個角度看來，血型在決定一個人性格的因素佔有絕對優勢。我們越早地瞭解血型的奧妙，就能越早地發現自身不足抑或優勢，當然也能幫助朋友們在選擇戀人方面提供一定的借鑑。

1910年美籍奧地利病理學家蘭德斯泰納發現了血型的分類，並憑此獲得了諾貝爾獎。血型被劃分為四個「家族」──O、A、B、AB，也被稱為O、A、B、AB型血。雖然之後也相繼出現了其他學說與發現，但蘭德斯泰納的四分類仍然作為主流學說經歷了百年的洗禮。同時，該學說也為親子鑑定技術的發展奠定了理論基礎。

事實上，O型的血型物質不僅存在於O型中，在A型、B型和AB型中也存在。所以，所謂的A型，實質上也可稱為AB型，B型實為BO型，所這就是為什麼都是A型或B型的父母會生下O型的子女了。

1927年，一名日本教授所提出了這樣一個理論。他認為，具有不同血型的人也具有不同的性格氣質，而同一血型的人具有相同的性格氣質。他的理論為此後血型的研究方向與進一步調查研究樹立了標榜。從研究中，我們知道了血型的分佈與民族之間存在一定的關聯。就拿我們O型的朋友來說，亞洲O型人占了27％。而歐洲和美洲O型人卻佔據了46％的比例。而

O型人具有追求物質、執著、理性化的特質，十分符合歐美社會的整體氛圍。

經由一代又一代的研究，我們對血型與性格的分析愈加清晰。科學家發現，不同血型之間的實力其實並不平衡，而是存在強勢與弱勢的關係。對於這種非上下級之間而屬於人與人之間交往的人際關係我們可以這樣理解：透過血型之間實力的不平衡，我們可以控制整個社會的關係循環。

人際關係的強與弱取決於一個人的性格與氣質，而這種氣質便是由血型決定的。若是能夠明確血型的特質，調解與改善人際關係，增強人與人之間的瞭解，那麼對生活的幸福與事業的成功百利而無一害。

透過以上對血型基本知識的介紹，朋友們應該知道血型的重要性了吧？既然如此，那就讓我們繼續探索它吧。

O型人性格奧妙剖析

O型人，你所不知道的祕密

　　由於O型血屬於人類最基礎的血液類型，這不僅讓O型人具有了其他血型人均具備的基本特質，而且讓O型人在「四大家族」佔有了一定的優勢。這表現在以下幾個方面：

　　首先，O型人對良好的生活品質具有較高的要求，能夠靈活地調整生活節奏，讓自己在繁忙中仍然能夠顯得十分自如。

　　其次，O型人對待情感類問題總是十分敏感，他們受不了感情中的點點瑕疵，所以有時在男／女朋友面前避免了「小題大做」的爭吵。但是，瞭解O型人都知道，O型血是典型的「刀子嘴豆腐心」，時間一長，表面的強硬難掩內心的脆弱與柔弱。

　　最後，O型人追求像《慾望城市》裡一樣的奢華生活，嚮往女主人公擁有的華麗服飾和迷人外形，並且渴望出入於時尚高端場所。說O型人物質，倒不如說O型人能夠聽清自己心底的聲音，知道自己到底想要的是什麼。

O型人有以下典型特徵：

　　♣凡事都先慮其結果，方採取行動。在做事情之前喜歡做出周密的計劃，並能夠按照計劃一步一步地進行。

♣雖然對未來充滿夢想，但是卻不會做不切實際的「白日夢」。他們往往能夠看清自己的實力，做力所能及的工作。每一步都在為未來打地基，等待量變到質變的蛻變瞬間。

♣在挑選合作戰友的時候往往理性的抉擇超越感情的選擇。看人很準，因為他們往往看重人的綜合能力與素質，並對其本領和硬體實力做出綜合性評價。所以，他們的眼光非常獨到且準確。這一顯性素質也為他們在人際關係群的選擇方面佔有一定的優勢。

♣只要決定的事情就一定會盡其全力做好，但這絕對不是完美主義的化身，而是一種對目標的執著與毅力。

♣做事目的性較強，不打無準備的仗，更不會只嘴上說說而不付諸行動。O型血的血液氣質中充滿了將軍的風範，他們具有較強的實踐能力，拒絕純粹的理論研究或談論。

♣向來都懂得時間就是金錢的道理，所以辦事效率較高，受不了拖拖拉拉的合作夥伴。

♣對市場的資訊掌握的非常準確，並且與人交流比較直接，在談論針對性問題時不會拐彎抹角，而是會選擇直切主題。

♣重視物質追求的O型人是個天生的實幹家，不屑那些紙上談兵的人。

♣非常懂得這個世界上沒有「天上掉餡餅」的美事，所以他們善於挑戰、樂於創新。

♣對待從事的工作具有堅定的毅力，面對挫折與坎坷能夠從容面對，在哪裡跌倒，就在哪裡爬起來。但是如果面對實在

越不過的鴻溝，也不會太硬碰硬。

♣O型人非常樂於交朋友，重視溝通，也明白信任才是朋友之間永保默契與情感的紐帶。

♣觀點鮮明，立足點明確。

O型人之性格解讀──女性篇

O型女性，似乎與生俱來便善於獲取他人的保護。她們不僅敢愛敢恨，而且還有撒嬌的天才。所表現出來的純真與快活，往往給人以十足「可愛的女人」之感。O型女性直率，常會做出一些不小心的言談舉止，並因此得罪他人而不自知。

O型女性浪漫，熱情、情感豐富，因此顯得更加嫵媚動人。所以，往往令她們的戀人傾心、愛慕不已。

O型妻子婚後可能會由浪漫可愛的少女變為很現實經濟的家庭婦女。她們很關心丈夫，也是家裡的賢內助；對子女的事情也很上心，是典型的「全能」母親。大多人緣很好，家裡常常有客人拜訪。

整體來說，O型女性的主要類型有：可愛女人型，大方的母性型，好活動、愛管閒事型，有不平、不滿即到處抱怨型。

○型人之性格解讀——男性篇

　　○型男性一旦對自己的社會地位感到不滿，常常會有種失敗感。這麼一來，他們對任何人都容易生氣。當他們逐漸孤立之後，會對周圍的人胡亂地產生戒心，並因此產生反抗意識或變得固執起來。

　　○型男人的愛情熾熱如火，一旦投入愛河，勢必愛得轟轟烈烈。通常容易為對方的才能和顯著個性所吸引，一旦選擇了理想的戀愛對象，他們便會主動進攻，大膽、直率地向對方表明心意。○型人活潑熱情，在他們身上多發生一見鍾情式的愛情。他們極具語言表達力，知識淵博，幽默熱情，所以戀愛較容易成功。

　　但對愛情的瘋狂投入，這並不表示他們一定會與戀愛的對象走向婚姻。對他們來說，戀愛與婚姻還有很長一段距離，不能等同視之。

　　○型男人會是好丈夫和好父親。他們總希望得到妻子和子女的最大信任，成為他們最好的保護者。

　　整體來說，○型男性的主要類型有：明朗快活、富於活力型，穩定、能幹型，把事情看得太簡單的少爺型，一心一意地用功和提高工作能力型，反抗、固執、沉默寡言型。

七點看O型人

智慧指數：★★★★

受歡迎指數：★★★★

整體來說，O型人富有人情味、和藹可親、知恩圖報。

優點

執行能力比較強，腳踏實地；意志堅定，不會輕言放棄；熱情奔放，對愛情忠貞不渝；富有詩情，文采較好；有遠大的理想和抱負，不服輸；做事果斷，有魄力；獨立自主，不依賴別人；自尊心比較強；對生活充滿信心。

有良好的直覺力；善於照顧他人，富有人情味，和藹可親，知恩圖報；善於保護自己，不會被他人利用，守口如瓶；具獨創性，不受環境影響，注重個性，開放、開朗、率直。

有主見，有領導力，有說服力，邏輯思維能力較強；易與人交談，重視人際關係；行動明快有信念；不會偷偷摸摸，做事光明磊落；淡泊寬容，能饒恕他人，有強烈的政治意識。

缺點

不太會設身處地為別人著想；有時候為了達到目的，不擇手段；過於精打細算，反而無法盡情享受生活；慾望強烈，佔有欲強；權力意識比較濃，升遷欲強；好下賭注；擾亂協調，缺乏耐性；脾氣暴躁，有些孩子氣。

家族思想濃厚，派別性強，只會照顧親人；警戒心過強，過於自我防衛；自以為是，有時候頑固不化；好惡激烈，喜歡出風頭，自我宣傳；理由特別多，言行不一致；對他人的好惡很神經質；有過強的政治意識。

特性

絕不可在O型情人面前對其他異性獻殷勤或示好，想對誰都討好，勢必會得罪O型情人。兩人間私密性的對談若透過第三者傳達，則必定會使O型人惱怒。

對待O型男友不可得理不饒人，想指責他，就要先幫他找好台階。O型者最忌別人頤指氣使，想要他俯首稱臣、命令他，不如協商或懇請。絕對禁止言談間有貶低對方的口吻。O型人先天特質上以自我為中心、愛表現，直來直往的性格，可能也會惹得他不高興。

欣賞的類型

喜歡裝扮入時且對自己身材容貌都頗有自信，個性活躍，談吐熱情又風趣等。

戀愛信號

可以天南地北地聊，表現最好的自己，舉出他們得意的事，設法給對方好印象，這是O型人的象徵。不過偶爾也會成為傻瓜，扮演小丑的角色。

財務觀念

相對於小心翼翼的A型人，O型人可稱得上是喜歡投資的血型，大部分的O型人都對數字有一定的興趣，對各種理財、投資項目都很有興趣，所以一旦他們決定要投資，數目一般不會太少。

如果你有一位O型血的朋友，你可能會覺得他時而大方、時而小氣，原因就在於O型人比較實際，當他大方的時候，通常是他賺到錢或者對你有所求的時候。不過也不要因此對O型人敬而遠之，因為，當他將你視為知心朋友時，他會對你非常豪爽的！

服裝偏好

他們不喜歡鮮艷的色彩，整潔、穿著正統即可。對於服裝的設計，注重個性。選擇服裝以花樣為主。

浪漫英雄主義的O型人

　　時而現實時而浪漫，時而安於傳統時而追求個性，時而好強時而柔弱，多面性格的O型人給人太多的不同印象。他們熱衷新鮮事物，但是又保有依戀傳統的情結，就好像現代的復古風潮一樣，那在風中飄蕩的紅領巾和Hello Kitty的文具盒都是他們藏留在心底最美好的童年記憶。

　　到底浪漫英雄主義的O型血朋友具有哪些特徵呢？讓我們一起看看吧！

只要他/她愛上了你，就會為你/妳付出全部

　　在本書的前面我們已經提到，「浪漫」這個詞語經常會被用來與O型人相聯繫。因為他們對愛情的執著，對感情的注重，對實質浪漫主義的追求，使得O型人尋找朋友的渴望非常強烈。

　　當然，O型人也愛恨分明，他們透過直覺去感受對方是敵是友，並會在自己的團體裡利用領導者的優勢對朋友多加關注與友善，而對「敵人」表現出毫無保留的憎惡感。這種友善與憎惡表現得非常明顯，比如對待朋友他們會表現出對朋友應有的義氣與照顧，但是對待「敵人」的行為就會表現出排擠、戒

備與煩躁。

　　雖然說O型人憑藉直覺去感受對方是怎樣一個人實在有失公正，但是這與O型人的特質非常符合，我們無法要求固執及缺乏溝通的O型人能夠透過深入瞭解一個人的全部特徵後，再做出判斷。

　　用一個例子來說明以上觀點：有個O型女性，她非常愛當時的男友，甚至連跟朋友在一起逛街的時候都在不停地和對方打電話聊天，生怕一個不小心對方就蒸發了。那個女生犧牲自己非常優越的工作機會來遷就男友，即使穿上她難以忍受、十分厭惡的高跟鞋陪男友出席同學會也變得不再抱怨。

　　這樣的如膠似漆只保持了三個月，三個月後得知男友劈腿，該女生氣急敗壞之下去前男友家大鬧一場，並摔壞了她給他買的所有東西。這個例子我們可以看出來，O型的女生在面對自己愛情的時候是容不得一點瑕疵的，尤其是對那種自己非常看好的愛情。

　　但是，如果屬於那種在開始之前就覺得不可能或者不會有美好結局的愛情，那麼O型女就絕對不會讓這段戀情有開始的空間——這就是敢愛敢恨的O型女。

　　O型人，尤其是O型血女生往往會與「專情」和「為愛情獻身」等詞彙掛鉤。她們的愛情觀非常特別，但卻是符合我們傳統的愛情理念的，只是將這種愛情觀放到當今社會就會覺得非常特別罷了。她們一旦愛上了一個人，不會輕易放棄，同時會為對方付出所有。所以，如果你沒想好是否愛這種O型血的女孩，千萬不要輕易許下諾言。

除此之外，浪漫主義也是Ｏ型血血液中蘊含的特質。Ｏ型血的浪漫主義不是追求形式浪漫，而更多的是一種實質浪漫。她/他們不求情人節的花朵，不求肉麻的簡訊，只求失敗時一個溫暖的擁抱，失落時一個堅定的目光。所以說，Ｏ型女生和男生是非常務實的伴侶。

Ｏ型人的缺陷和不足

Ｏ型人真的非常具有開拓和進取精神，敢於冒險，敢於拼搏，敢於挑戰。自古一些偉大的思想家、革命家、將軍將領以及著名的企業家等很大一部分人都是Ｏ型血。但是，並不是說只有Ｏ型人才能成為這些偉大的思想家、革命家抑或將領，只是說Ｏ型人比起Ａ型血或Ｂ型血的人在這一方面更容易成功。

某些研究血型與星座的學者認為Ｏ型血與「思考者」的Ａ型血人和「注重感覺」的Ｂ型血人相比，更具有冒險與挑戰的英雄主義氣概。但是，凡事皆兩面。如果對這種具有英雄氣概的人不能夠循循善誘的話，他們的實力與能力很容易發展成為團體的不穩定因素。

至於說為什麼Ｏ型人對此這麼敏感，其實這仍然與他們「英雄氣概」的氣質有關。在這個世界上沒有完美無瑕的人，任何人都存在性格上的缺陷與不足，Ｏ型人亦是如此。舉例來說，他們具有領導才能，但是在處理問題時顯得固執己見；他們具有堅忍不拔的毅力，所以一旦做出決定就很難改變，但是這樣一來，就會讓他們變得很難聽進他人中肯的建議，容易陷入孤戰的境地。

他們具有很強的自尊心，但是卻時常不會考慮他人的自尊與情面，這在團隊合作中會給他們造成不好的發展因素。但是，並不是所有的O型人都會如此固執，有些人雖然善於言辭並始終堅持自己的主張，但是在面對相反意見時顯得十分大度與寬容，並不會試圖去改變他人的想法，而是會折中地傾聽他人的建議。

　　O型血的特質總是讓人喜憂參半，但是有一點，那就是O型血的執著與毅力絕對是值得人們豎起大拇指的。雖然O型人具有領導才能，具有英雄氣概，但是在他們沒有顯露之前還是十分沉默寡言不露聲色的。

　　他們會將理想演化為動力與不懈的奮鬥，把夢想幻化成目標與永不停歇的追求。堅定的信念不會被輕易改變，更不會輕易低頭認錯，但是這種人往往自省能力非常強。

　　俗話說得好，當家的也要有資本。具有領導才能的O型人只有不斷的改善自身不足才能在團隊和集體中樹立起不倒的威信，才會讓自己的孤傲感長存。否則，單純的英雄主義就沒有存在價值。

　　O型人還善於察言觀色，這也成了他們與人交往溝通必不可少的武器。他們非常渴望得到他人的肯定與讚美，當然也不排斥善意的批評與建議。如果他們的努力沒有換來關係人的肯定，會變得十分焦躁不安。正因為如此，我們才說O型人是十分有衝勁的事業型，因為他們不會讓自己埋沒在人群中，會以不同的方式讓關係人看到自己的能力和工作效果。

　　透過以上的分析，不同的O型人具有不同的特性，這是由

他們潛意識的行為所決定的。但是，他們的一個共同點就是他們都具有極強個性與使命感。O型人不同的性格特徵除了由潛意識的行為決定以外，還有其他因素的影響。比如他們之間缺乏溝通，使得一些事情的處理非常個性化。但是，個性化並不等於非理性化。任何血型的人都沒有O型人具有更多的理性了，他們不僅僅能夠理性地思考問題，還能理性地處理問題。只是由於O型人的孤傲與固執，所以他們之間經常缺少聯絡，而且他們的「反省」特質，也經常使他們陷入邏輯的僵局。

此外，O型人還具有喜歡講道理的特質。無論是在日常生活中還是在工作中，O型人的這種特質表現的比較明顯。時間一長，這也成為了區分O型血與A/B/AB型血的基本標誌之一。

O型血喜歡對人講道理的特點，雖然有時會讓不瞭解情況的人覺得很突兀甚至反感，但是對於明白O型血這一特質的人來說，O型人的善意與用心會讓對方覺得受益匪淺。所以說，接受與否完全取決於對方的態度與認可度。

當然，這也要求我們本身得有足夠的涵養來承受這種訓導。對於涵養不夠的人來說，這種訓斥是難以忍受的。但是終究有這種境界的人還是少數，所以O型人的這種特質會在無意中得罪不少身邊人。

所謂知己知彼百戰百勝，一旦懂得了O型人的典型性格特徵，那麼在應付或者交往此類人的時候就變得非常容易。而且，也很容易和O型人成為好朋友。因為人性本善，O型人從本質上講，是善良的人，只是有個孤傲的心罷了。

這點是我們能夠接受的，因為萬物皆不完美。從血型分析

學的角度說，單細胞型就是O型中的一種比較差的表現型，這一類型的人，片面看問題，而且盲目地相信自己的主張是正確的。但無論如何也應承認，O型人對世界發展變化具有推動力量。

O型人的愛情

O型人具有的愛的特徵：小溪般純淨細膩的愛

每個人的心中都有對那份甜蜜愛情的嚮往與憧憬，每個人心中也都有一份屬於自己的純淨愛情記憶。這份嚮往與記憶往往鞭策著我們要不斷去尋找命中註定的伴侶，尋找那份在喧囂的城市中顯得彌足珍貴的愛情。

其實，每個血型的人都有每個血型的愛情特徵，比如A型人的愛情更加轟轟烈烈，B型人的愛情更加追求形式主義的浪漫情調，而O型人的愛情則如小溪般耐人尋味。

O型人純淨細膩的愛更側重於現實主義。它的基調是：男性希望尋覓到一位知書達理，能夠為自己妥善處理好家庭大小事務的妻子，而女性則希望找到能為自己開拓出幸福生活的丈夫。O型對夫妻之間的關係體現為「依戀」，他們更希望在

生活中逐漸體現出彼此愛護和體貼的細節，而不追求那種轟轟烈烈、死去活來的愛情。

當然，有的O型人還是逃脫不了浪漫主義的魔法圈，他們喜歡甜言蜜語，喜歡玫瑰的芳香，更加抵抗不了鑽石的誘惑。但是不要忘記，O型人追求的不是形式浪漫主義，而是一種實質浪漫主義，所以當他們步入婚姻的殿堂，開始每天與柴米油鹽醬醋茶打交道時，他們會清醒地意識到生活的現實緊迫性，並不免顯得有點手足無措。

在上面我們已經討論過關於O型人在團隊中經常無法聽進他人的建議，那麼在愛情方面O型人會不會延續我行我素的作風嗎？答案是肯定的。

O型人非常相信自己的眼光，在擇偶方面也很自信。對於他人的勸說O型人可以說是完全聽不進去的，只有自己去相處後發現不合適或者戀情失敗後，才會意識到曾經他人建議的存在。

O型人一見鍾情

很多人不相信一見鍾情的愛情，像在如此浮躁的社會中，人們自然而然就會對陌生人產生很強的防範意識，進而不相信某某人對自己一見鍾情的鬼話。但是O型人像韓劇中的女主角一樣，仍然保有對「一見鍾情」的幻想。他們很容易被人撩起愛情的火焰，所以一見鍾情對於O型人來說並不是一件奇怪的事情。

要說起O型人愛情產生的源頭，我們就不得不闡述這樣一個觀點：O型人對自己的眼光非常自信，相信自己的第一感

覺。雖然說O型人會透過與人交談或者相處而判斷此人是否能夠成為自己的伴侶，但是也存在很多情況即發生了突發或偶然事件使O型人短暫間墜入愛河。

例如：對方幫自己撿起掉在地上的書；拾到者送來自己遺失的手機；工作過程中與自己並肩作戰的戰友；遇到困境時同舟共濟的隊友等，都可能使O型人產生愛意。O型人一旦愛上你，那麼此種感情便會一發不可收拾，那種愛情之火如小溪般細膩，當然也會綿延不絕地延續下去。

O型人相信一見鍾情，但絕對不是喜新厭舊的那類人。他們被稱為所有血型中愛情能力最強的人，也不是沒有道理的。因為，他們對愛情的執著可以說十分類似於對事業或想法的堅持。他們會始終守護著自己心中純淨的愛情，守護著自己認定的人生伴侶。用幾個詞來形容O型人的愛情特徵，那就是專一、堅定與執著。

O型人的愛，跟石油燃燒器一樣，不會有連燒其他之意外。不過，一旦遇到愛情的威脅者，敏感的O型人的意識中馬上會被敲響警鐘，並為守護自己的愛情付出努力。當然，凡事都不是一帆風順的，強勁的對手也有可能使O型人的生活變得混亂。如果O型人失戀了，你一定不要認為對待愛情如此執著的O型人會一直萎靡不振下去。O型人一旦感到愛情失敗了後，他們會用清醒的頭腦面對這一切，坦然地接受並且不會糾纏不休。

O型人的愛情像一陣風，他們的愛情發生的突然，消失的也突然。你絕對不會發現O型人在愛情上萎靡不振、拖拖拉拉。

給0型人的建議

儘管O型人具備很多性格上的優點，但是有兩處弱點卻是不容小覷的：一是缺乏人情味，二是承受約束的勇氣不足。

O型人，對別人的贊同少，而且當別人向他傾訴憂慮及擔憂時，O型人要麼是事不關己高高掛起，要麼就是敷衍的表面式關心，這容易使朋友覺得失落，得不到關心。如果一直這樣下去，他的人際關係一定處理得不怎麼好。也許，他們覺得這只不過是一些瑣事，根本沒必要拿到桌面上來談。但是當有這種想法的時候，就會表現得很高傲，不近人情，這樣就會傷害到其他人。O型人一定要謹記，理解是第一位的，儘管你與生俱來獨立和慎重的性格，但在現實生活中有些事還是需要投入興趣，這種參與會使O型人受益匪淺。

O型人可以試著關注一下他們周圍的人，不時地詢問一下身邊的人今天感覺怎樣；關注一下別人有沒有什麼情緒上的波動：高興抑或悲傷，疲倦還是興奮；多與身邊的朋友聊聊，建立更緊密的聯繫，多花些心思探索他人的「內心世界」吧！

O型人在聆聽別人的傾訴時，請多一點兒耐心，讓自己看起來對別人的事有著濃厚的興趣吧！這對於向O型人傾訴的人來說可能會有非同一般的意義，因為往往有些時候，人們需要的不是馬上動身去解決問題，而是需要一個認真的傾聽者，等待他們把煩惱、憂愁一股腦都發洩出來，即使一句話不說，只在一旁默默地應和著，問題也就解決了。

O型人也大可不必強迫自己去做根本不願意的親近。當過

多地刻意製造親近的時候，最終會越來越不耐煩，因為這種壓力對於O型人來說是緩慢而巨大的。這個時候就需要O型人勇敢地說出自己的自己的需求，學會說不。問題不在於他人，一切都是O型人的本性所決定的。給自己喘息的時間，避免在同一時間有過多的要求，保持良好的心態和健康狀況。

O型人最終會看到，你多年織就的社會關係網是多麼的重要，生活是艱辛的，很多事多有很大的變數，並不如人們所想像的那樣努力就會成功，往往是越到最後，事情的成與敗並不是由一人決定，最終取決於那張關係網是否足夠結實。

O型人有必要細心地呵護人際關係。當他們真心的，而不是刻意地要求自己去對別人施捨關愛的時候，就會發現這才是最幸福的。

O型人是充滿幻想的人，但大多承受不太能夠承受約束。一些很有天賦的O型人，不是集中精力於自己專長的領域而是處處受到保護，不夠相信自己，任由自己被恐懼和疑惑所擺佈。他們很少要求自己，完完全全是「被塑造」出來的膽小鬼。

不要懷疑自己的性格不好，更不用抱怨自己為什麼總是對他人的事提不起興趣來，現在就告訴O型人，你們的血型很棒，它贈給了你很多機會。需要做的就是喜愛它並瞭解它，才能更好地利用血型優勢。

為將來設定合理的目標，大家都相信O型人具備控制自己情緒的才能，一定會充分挖掘自身才能，將聰明才智運用到工作中，使自己成為更有價值的人！

Part

2

O 型人輕鬆玩轉職場

O型在職場中的特點

♣簡單快樂、隨和、缺乏認真。

♣看起來很樂觀，但也總是「留一手」。

♣心地善良，對人坦誠，戒備心不強。

♣充滿幻想、不夠現實。

♣對於投入了感情的肌膚之親十分在意。

♣聚會中總是充當調節氣氛的角色，視此為己任。

♣這類人當中的很大一部分記憶能力超群。

♣身體的疼痛感往往來源於精神上的壓力。

♣對他人很信任，所以一旦有人背叛，挫敗感也是四個血型中最強烈的。

♣平日裡好脾氣，發起火來很恐怖。

如何贏得O型上司的青睞

如果你是A型下屬

A型下屬最忌諱的就是對上司陽奉陰違的情形發生了。如果你的上司是O型人，你若對他所命令的事不去遵守，這在他

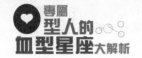

看來是很難容忍的，他會認為這是你對他極不尊重的表現，會十分生氣。但是A型人能很快地分析整個事情的來龍去脈，歸納條理，對於說服O型上司他們有自己的一套。也許最初O型上司會被A型下屬的巧言妙語所迷惑，並且很容易接受，但是慢慢地他就會參透其中的緣由，一旦這種情形再發生，O型上司將會變成一個很嚴厲的、毫不留情面人。以上這幾點就是A型下屬對待O型上司時應該特別注意的。

以什麼樣的態度對待O型上司才是最恰當的呢，可以總結歸納為兩個字：服從。默默地克盡義務，默默地執行命令，把報告做的盡可能地詳細。任何事都盡可能地按照他的意見去執行，並做好協助工作，要知道O型上司需要的不是一個對手，而是一個助手，少說多做，責無旁貸地完成自己分內事就是最好的。此外，O型上司與A型下屬溝通的時候，他會做少許的讓步，A型下屬應盡力守住基本原則。

假如你對上司的做法感到不滿，那麼請用最好、最直接、不帶責備又不會傷害到他的語氣和態度對他講出來，請他注意並加以改正，如果你的建議或意見完全合理，那你肯定能收到良好的效果，因為O型上司基本都會欣然接受。

如果你是O型下屬

O型上司的特點是一定要把事情做好才可以放心，他們大都具備豐富的常識，自己制定管理的各項規章制度，並要求部下一定要遵守，同時，重視大眾的觀念也是O型上司的特徵之一。然而O型下屬往往明知上司的脾性卻總是無法服從，這樣

久而久之你說你的，我做我的，肯定很難保持良好的關係。

O型上司，對待下屬大多比較親切，做決定的時候也會和下屬商量並徵求下屬的意見，他們採取的不是命令式的態度而是有事拜託的姿態。只有問明白了你願意照著他的意思去做，他才會定下決策。所以當你的上司有此意的時候，你最好特別留意一下，不要斷然拒絕，免得不給上司面子，使他難看。

此外，O型的下屬從心底裡就很難和O型上司親近，作為同血型的一對上下級關係，二者確實是個矛盾體，作為O型的下屬被上司斥責是再平常不過的了，所以最好有點心理準備。

如果你是B型下屬

在O型上司的意識裡，B型的人是很熱情真誠的，但是他們的缺點在於愛說大話而且信譽度不高，經常會給上司惹來麻煩和事端。一旦B型下屬對O型上司感到不滿的時候，一般都會指責上司只為自己著想，對員工要求太苛刻，總是把困難推給別人，如此一來，上司自然會很生氣，相處起來也不愉快，兩者之間的關係也就會越來越糟糕。

那麼，B型的人請你不要顧忌太多，把你對上司的意見中肯地和他提出來，而且當著他的面提出來，不要在背後議論紛紛，私下裡和同事說上司的壞話。

O型的上司對於態度謙和的下屬沒有脾氣，並且會聽從你的建議。所以只要你有表達的勇氣，勇敢而直接地說出心中的不滿，無論上司是否採納你的意見，都有助於你打開心結，消除誤會與不滿。

B型人在工作中是很順人的，他們一般都會聽從上司的意見，絕對遵從上司的命令。但是B型人天生不喜歡在壓力下生活，雖然他們對於上司的命令和意見表示遵從，但往往使自己陷入疲憊之中，常有不勝負荷之感；所以B型的人只會在O型上司的背後大發牢騷，而沒有勇氣說出自己的不滿。

如果你是AB型下屬

AB型的人，對於O型的上司做出的交代和批評，一般要認真記下，並提出建議性的意見，這樣上司才能信任你。當你得到別人的信任後，你就容易對O型上司產生歧視的態度，一旦你嘗到甜頭，你就會對上司不夠尊重。當你有所轉變的時候，這時O型上司會馬上轉變態度，有更特殊的也許就會利用自己的職權打壓你，甚至更有甚者讓你從此坐冷板凳。

AB型的下屬要避免和O型的上司成為敵人，在這方面你要特別地注意。一旦你們陷入對立的處境，那對你來說將是非常恐怖的一件事。

由於具有超強的實際行動力，又可以很迅速地將工作完成並且做好的AB型下屬並不習慣將工作中的細節部分，十分詳細地向上司報告。不過，假如想贏得O型上司的好感，很多必不可少的的工作，即使細節繁多，也要在短暫時間內，把工作的細節和最終結果，一一詳細報告給上司聽。

O型上司對待AB型下屬，對其能力一般可以予以適當的肯定，並且有一定的信賴感，然而，假如AB型的人逾越了本來的工作範圍，並且做到獨當一面，反而會給O型上司帶來一

些不安全感。

切忌向O型上司隱瞞事情的真相，一旦沒做好工作，或是沒有完成計劃，做好的辦法是把事情一一說清楚，如果這件事是自己不知道的，他們是不會輕舉妄動的。

O型＋O型是最佳職場搭檔嗎

因為性格的原因，O型與O型的職場搭配會產生最為激烈的對立關係。O型人具有強烈的自我個性，他們好強、獨立、不服輸的特點，讓他們合作起來，誰也不服誰，誰也不聽誰的。若是牽扯到利益衝突，他們的鬥爭會相當激烈。

為了爭奪各自的利益，他們合作起來會耍陰謀、使手段，造謠中傷對方，或者千方百計地扯對方後腿，不僅無法合作，嚴重起來會達到「同歸於盡」的地步。這對於企業的利益與發展是毫無幫助的，而且會破壞企業的團結，拖垮企業。

但若能夠引導他們的對立競爭往良性發展，使他們感受到合作的樂趣，而非鬥爭的心力交瘁，就能夠帶動企業的發展，有助於企業向心力的形成。所以，O型與O型不會是最佳職場搭檔。

如何與O型同事「合作愉快」

如果你是A型人

對於A型的人來說，他們的O型同事非常好相處，和他們合作一般都很愉快，在工作中，O型同事也是相當容易合作的伴侶。假若A型的你，不論在生活或工作之中，常把同事的勸解當做耳旁風，把你和O型同事的良好友誼不當回事，要是一直這樣下去，A型的人一定會遭到O型同事的反感，對於A型人的態度也會發生一百八十度的大轉彎，以後，他們將很難再向A型的你敞開心扉。

假若A型的人想取得O型同事的贊同與支持，一定都要為O型同事著想，以他為重心，站在他的一邊，切勿忽略了他的存在。

如果你是B型人

B型的人想要獲得O型同事讚許支持的第一條件，就是要有充足的信心和積極明快的步調。B型人的很多言談舉止，在O型同事的眼中往往讓人捉摸不透，B型人是典型不被信賴的人，他們就是那種吃著碗裡看著鍋裡，意志不堅頂的一類人。所以，儘管B型人本身具備很強的能力，但是他們的堅定力卻

是太讓人歎息了。O型的人往往會盡心盡力地幫助有求於他的B型的人，儘管這樣，他們成為交心的朋友、親密夥伴的機率也是非常地小，那是O型人從心底裡，從未把B型人當做是一個強有力的工作夥伴。

B型人有著明確的目標，一直在不斷地朝著這個目標與方向前進，但是他們所欠缺的就是別人在背後的推動力。而B型人恰好將O型人當做他心中的榜樣與典範，他們認為O型人是一個心中合適的效法對象。作為同事，在O型人與B型人的關係中，B型人不是任何事都願意依賴他人，而是一個凡事都愛親自動手的人。

如果你是AB型人

在O型同事與AB型人的組合中，AB型的你，若想獲得O型同事的長期支持，定不可一味地堅持自我主張，而是應該先徵詢對方的意思。

在AB型與O型同事的關係中，AB型的人總保持默沉默，不願意表示任何意見，總是保持沉默行動的態度。即使很需要O型同事的說明，也總是不改變原有的作為。此外，即使十分堅持自我主張，也不會將想法表達出來。

所以AB型的你，如果想將自己的意思表達給O型同事知道，想取得O型的同事的支持，不妨以婉轉的態度表達，先說出自己的意思，再詢問對方覺得如何。這樣才能讓O型同事接受自己的意見，並認真考慮其可行性。就整體性而言，雙方能得到良好的溝通，才能建立起互相信賴的關係。

如果你是O型人

一般情況下，同一血型的人比較能準確掌握對方的心理行動，從然談舉止之中，可以瞭解對方的想法立場，當雙方站在同一立場的時候，更能站在同一陣線，守護自己的疆土。若想抓住O型同事的心，唯一的訣竅就是將心比心，隨時為對方著想，如果你能瞭解O型同事的心情，就能應付他的各種舉動。

在各種血型當中，O型的人占很大的比例，所以，如何和O型人建立良好的人際關係，成為一件十分重要的事。

O型人有著怎樣的創業格局

O型人是四個血型中最熱衷創業的了，他們個性隨和、待人熱情，廣受大家喜愛，因此人際關係不錯。

O型人個性衝動，創業的O型人急於求成，頭腦容易發熱而讓自己做出衝動的事情。他們個性直率，又是富於行動的行動派。只要他們想到的，就會第一時間去做，加上他們固執的個性，很難聽進其他人的建議，容易冒進。心思細膩、行事謹慎的A型人是O型人最理想的創業副手。

總而言之，O型人屬於「衝動型」創業家。

如何贏得O型客戶

如果你是A型人

　　O型人是性格堅毅，不怕失敗的、富有自信的人，所以他們常常在在實際中達到成功。在做商品銷售的時候，O型客戶會對A型人一絲不苟、認真負責的精神留下很好的印象。

　　但是，在輕鬆愉悅的氛圍中，O型人也不會輕而易舉的與人做交心之談，他們總還是不甘心沿著別人計劃的模式行事，而是按照自己的想法辦事，有自己的一套。所以如果A型人心思太細膩、策劃過於精心，這也許不但得不到O型客戶的好感，反而會給其留下不夠實在的印象，最終使O型客戶緊閉心扉，不願誠心交談。

　　作為A型的你，在和客戶做完簡單的報告之後，應該對自己有足夠的信心，不要過於急躁，在客戶表態之前，切勿輕易暴露出自己的想法。此刻要做的是對自己有足夠的信心，切忌操之過急，應該安下心來，等待對方的表態。要對O型客戶的意見表示尊重的態度，而且對他的精神表示景仰，禮貌客氣地接待他，要使O型客戶對你有一個最初的好印象。急於輸贏勝負，往往是自取失敗的開端。如果上述各點都注意到了，你一

定能掌握成功的機會和O型客戶相處順利。

如果你是B型人

如果想要和O型人建立良好的客戶關係，操之過急是千萬不可取的。不要因為一、兩次談話不投機，就武斷的斷絕與O型客戶的來往。B型向O型客戶做商品銷售的第一印象往往是不壞的，但是想要更深入的與他交談往往會比較困難，但是O型人是樂於幫助別人，心胸開闊的人，他們很容易接受他人提出的意見，因此只有給予他們一些耐心，從小處著手，從點滴中讓對方體會到你的誠意所在，那樣他們就會很容易接受你的意見，然後慢慢地接納你。

B型的你，在前兩次與客戶會面的時候，說話說得天花亂墜，維持不了多久，熱情便慢慢消退了。這一點，隨心所欲而活潑的B型人應該特別的注意，時間久了，O型客戶便很容易對你失去信任感，缺少了信賴感。在契約訂下之後，O型客戶依然是守信用的人，不會言而無信，出爾反爾。在事情發展允許的情況下，O型客戶提出的問題，往往都是B型人能力範圍內的。總而言之，路遙知馬力，日久見人心，憑藉可靠的實力，才能最終贏得他人強有力的信任，和O型客戶打交道的方法，也不外乎如此。

如果你是AB型人

AB型人對人和藹可親、心思細膩，會說話，留給客戶的印象也很不錯；千萬不要對O型客戶進行長篇大論，因為無論

AB型銷售人員口才多好，說服技巧多麼強，對看重理論的O型人來說，都是枉費心機。用精準無誤的言語、簡單精練的報告來說明情況，滔滔不絕地發表意見，企圖與O型人建立良好客戶關係的AB型人將使效果變得適得其反。

比如，你可以在推銷新產品時，給O型客戶直接拿出產品清單給客戶作為參考，如果有實物也可以拿出來直接說明，然後請客戶試用，同時詢問對產品有什麼意見，有沒有什麼地方不清楚。或是做完這些，AB型推銷員最好最好等待O型客戶提出問題，而不要給產品下任何定論。如果客戶有提出問題都要認真回答，不管問題困難與否，都要耐心地給客戶解答。

O型人往往注重真實而單純的東西，信任實在而簡單的東西。因此在與O型客戶相處的時候，最忌諱用天花亂墜的詞語來扭曲實情。AB型的你，無論對待何種客戶，只要誠心誠意的對待，你們一定能有愉快的合作。

如果你是O型人

同一種血型的人比較容易瞭解彼此的個性，O型的推銷員如果能站在客戶的立場說服他，則效果會比較好。但是由於雙方的自尊心都極強，自我表現欲和自我肯定的信念都相當強烈，一旦雙方意見衝突，O型客戶就成為O型推銷員難以應付的對象。所以對O型推銷員而言，為了順利達到目的，必須特別小心，不要和客戶意見衝突，寧願退後一步，多多傾聽客戶的意見。在聆聽的時候，可以對於對方的興趣、思考方式、知識水準作一個判斷，這樣會使你知道如何投其所好。

一旦投其所好，就能讓客戶對你產生信賴感，這就是退一步海闊天空的道理。不過道理雖然簡單，做起來可不容易哦！

O型人適合的職業

O型人在職業上顯出的顯著特點有：有自信、競爭性強，有衝勁、成功慾望較強烈，對於喜歡的事情想法簡單直接、會很熱忱，不善於也不喜歡處理紛繁的人際關係（尤其是年輕的O型人），但是為了能更好的融於社會會迫使自己學習相關技巧。

O型水瓶座

O型水瓶座的組合，一般都是個性比較活躍，兼具創意和領導性，能夠製造自由的氣氛並整合各方意見，適合做IT產品研發或其他創意團隊的負責人，善於接受新的想法合建議，會是受年輕人歡迎的領導者。另外，也類似O型天秤和雙子，適合主動性強的溝通類的工作，比如銷售、公關等等。

O型雙魚座

O型雙魚座人同情心很強、熱心，細膩周到，即使付出得不到回報也不會很計較，有服務和犧牲精神，對物質不是很看

044

重，適合的工作有：祕書、服務員、慈善工作者、宗教行業、獸醫等等幫助性質的工作。O型雙魚座人的想像力也比較豐富，還可以從事和創意創作有關的工作。缺點是較感性、膽子小，當見血拿刀的外科醫生可能有點困難，也許病人沒暈自己先暈過去了。

O型白羊座

這個血型星座的組合，是一個極具活力與勇氣的類型，不管男生還是女生，年輕的O型白羊座都很愛展現自我，有自信，活躍，較早地嶄露頭角，比較適合社交型的工作，例如公關、企業事務和銷售等經常與人接觸的拓展性工作，同時表現性強的工作，比如說演員等也很適合這一類人去做。

O型的白羊座組合也具備其性格上的不足，其缺點是變化性大、容易衝動、性格起伏較大，讓他們整天待在辦公室裡工作，無異於把他們關進牢籠，讓O型白羊做模式化的死板的工作，其結果會令他們整日鬱鬱寡歡。

O型金牛座

O型的金牛座人，性格中有O型活潑開朗的一面，同時也具備金牛座小牛一樣的堅毅性格，穩重的性格使他們很容易鑽研某一領域，最終在這一領域取得成功，並且上進心和事業心也很強。

O型金牛極其渴望自己在某些領域獨有建樹，他們比較擅長文學、藝術等方面，小時候就會表現出超凡的天賦，由於其

堅毅的個性，很容易將自己的愛好一直保持下去，並在以後的不斷學習中將其發展壯大。

O型加上金牛座，這種組合的典型不足是，過於固執、缺乏合作精神與主觀意識過強，不懂得適時的妥協，當然他們的這些特點在上司眼中就是木訥、不知變通，這類人不善於與人合作共處，既不適合被人領導也不適合領導別人，故比較適合某些專門領域的自由職業者，如，作家、演奏家、歌手、科研或是學術專家等。

O型雙子座

O型雙子座人，冷靜、靈活、主意多，同時善於與人打交道，適合公關、市場策劃或是人力資源之類的工作，銷售工作也比較適合他們，但和O型白羊座相比衝勁稍遜，維持性的銷售工作更加適合他而非拓展性銷售工作。

性格中的不足在於，雖然不像O型白羊那麼活躍好動，但也容易厭倦，年輕時一般不具備專業穩定性，轉換職業對他們來說就是家常便飯，因其比較喜好新鮮感強的特點，比如記者、雜誌編輯之類的工作會比較適合他。總之，在選擇工作領域的時候，應該儘量選擇與時尚潮流相關的行業。

O型巨蟹座

O型巨蟹座人，在O型人中他們顯得較低調不善於表現，但他們善於為他人著想，做事細緻周到個性細膩，具備一定的領導與決策能力，人們很難在其職業的早期，發現他們所具備

的潛在能力，往往隨著一對一的深入交往與溝通，他們的能力常能令人信服。

這類型的人比較適合的工作類型有社會福利類、教師、技術、投資分析、心理諮詢類等工作。隨著其年齡的增加這類人容易在專業領域成為精英，最終成為這一領域的領導者。

O型獅子座

O型獅子座人，性格強勢，內心對於成為領導者有很強的期盼，他們的優勢在於自信有主張、講信用，他們言出必行的作風常常讓人服從，但也經常容易因成功慾望受壓抑而顯得非常痛苦，在工作上極具表現能力，一個適合他們發展的舞台會給他們的事業帶來極大的成功。此類型人很容易捕捉到成功的機遇，進而獲得晉升。

他們適合的工作類型和O型白羊比較相似，最適合的是外向型的工作，但是他們也會把暫時內向型的工作盡職做好，往管理方向發展對於他們也是不錯的選擇。適合的職業有：公司經理、部門主管、銷售經理、政治家、公關、導演、製片、自己創業等等。

O型處女座

O型處女座人，對於老闆的意見和策略能夠堅定地執行，對待工作兢兢業業，追求細緻完美的工作作風，是較好的管理人才，但由於變通性和靈活性不佳，基本上在任何崗位都無法做到特別優秀和突出創意，工作不會有差錯，但也不是很出

色，基本維持在80分以上。

相對做一個領導者來說，執行者和貫徹者的角色更適合他，做內部工作往往比直接接觸外面的工作更適合他。合適的職業有：採購、社會福利工作者、技術工人、醫生、文書員、部門主管、公司經理，等等。

O型天秤座

O型天秤座人，平衡性領導性俱佳，常把事情考慮的非常細緻周到，也會照顧到方方面面，是個很好的管理者，對內對外溝通作用都很好，年輕的他們比較適合公關、銷售、助理、導遊、高級祕書之類的工作；年齡稍大一些，可以考慮往管理層發展。

他們的缺點是，總是掩飾自己內心的真實想法，考慮的過多，面面俱到粉飾太平，容易讓人有虛偽之感。O獅子在這點上可以成為他們的榜樣，多學習O獅子強勢的一面，有必要的時候可以勇敢地說出內心的真實想法。

O型天蠍座

O型天蠍座人，膽大心細，有很好的管理和執行能力，直覺敏銳，洞察力強，適合做行政管理、人力資源、醫生之類的工作，待具備一定的社會經驗之後自己創業也是一個不錯的選擇。

年輕的O型天蠍人非常珍惜工作的機會、吃苦耐勞、工作也往往十分努力，對於新行業有很強的適應性。缺點將人際壓

力看的較重，思慮過多，常常給自己造成不必要的壓力與困擾，可以嘗試著放寬心、簡單化一些，多給自己一些放鬆的時間。

O型射手座

O型射手座人，優點在於是天生的交際天才，無論同上級還是下級都可以溝通得很好。

辦事效率高、不拖泥帶水，興趣也比較廣泛。但在其年輕的時候，很容易迷失自己的奮鬥方向，跟O天秤等類似，可以從事銷售、助理、公關之類的工作，缺點在於性急、不能吃苦，平時要多注意克服這方面問題。

O型摩羯座

摩羯給人的感覺是冷漠的、不近人情的。O型摩羯座人因其O型血的勇氣與熱情，在很大程度上彌補了這方面的不足，使O型摩羯座人看起來還是比較熱情誠懇的。因此他們從事銷售等外向型工作也可以做得很好。

在摩羯人的字典裡，工作是最重要的字眼，O型摩羯更是狂熱的工作人，一旦他們確立了自己的目標，在各行各業他們都會做得很出色，應該都有不錯的建樹。

年輕的O型血的摩羯座容易遭受到挫折與磨煉，往往須等年齡漸長後才可以獲得豐厚的回報。適合職業有：企業管理、投資諮詢，新產品銷售拓展，醫生、律師等艱辛但是收益回報高的工作。

O型社交達人的實戰技巧

O型人給人留下的第一印象

　　爽朗明快，但不浮華，做事有主見。O型人給人的第一印象非常不錯，性格活潑、談吐精闢深刻、說話方式討人喜歡。

　　頗具個性，卻擺脫不了正統的包袱，拘泥於設計上的搭配。不喜浮華、給人唯我獨尊的印象。

O型人說話習慣與待人方式

　　O型人的待人方式可以總結為以下三點：對於善惡敏感、重信用講義氣、好與別人比較。

　　O型人對不甚瞭解其意圖和不明其底細的人的警惕性遠遠高於常人，差不多是一般人的五倍。在社交場合，O型人非常注意觀察對方的態度，他對於對方是友好或是敵意的感覺非常特別靈敏。當他們在公共場合發表自己的觀點時，常常很注意贊同與反對他的兩方面的人。

　　一旦認定對方是可以信賴的朋友時，他們的態度會發生極大的變化：親切隨和，直爽開朗；熱情主動卻又有點強加於人的關照，卻充滿著人情味。並且他們還喜歡全家交際。可以說，O型人可以算得上是最值得結交的朋友了。反之，若O型人認定對方和他是敵人的話，他們的反應也會很強烈。

　　很愛和對方作力量的比較，對待強於自己的人，則會出人意外地無條件服從之，對弱小者則會表現為豁達大度，通常他們會跟和自己實力相當的對手糾纏不休，一爭高下。論資排輩是O型人最厭惡的事情之一，徒有虛名而無真才實學的位尊者往往不能夠使他們信服。

O型人如何與朋友相處

A型的朋友

　　A型的朋友會在你感覺孤獨的時候，用一種母愛的力量來撫慰你的心靈。對於O型的人來說和經常給自己打氣的，稱讚自己的A型的朋友在一起，會時刻充滿自信。他會在你失落需要安慰或是你們兩個一同陷入困境、情緒低落的時候成為你心靈上的依靠。

跟他在一起，大咧咧的O型人會潛移默化地學到一些探究細微事情和內心世界的方法，漸漸地變得細膩。在一起的時候，A型的朋友常常會成為你的良師益友，使你感到受益匪淺。

O型的朋友

　　你們是一對歡喜冤家，常常會因為一點小事不斷地爭吵，好起來又是不分你我。因為小事不高興而引起口角的情況應該也會很多，雖然是好朋友，但心裡面總是會覺得「絕對不想輸給他」，所以也是一對競爭對手。

　　和O型的朋友認識不用太久，你們就會感覺像熟識的老朋友那樣親密。所以你不用太介意，任何事都可以輕鬆地和他講，他也會毫不保留地說出自己的想法。

B型的朋友

　　天真可愛的嫉妒。對於B型的朋友，你常常是喜愛和嫉妒兩種感情並存，幽默開朗的B型人，喜歡開玩笑，開朗的個性和O型人很合得來。

　　當你們在一起的時候，是一對很快樂的朋友。但是由於O型人往往過於謹慎、顧慮太多而無法在現實生活中隨意揮灑，能自由發揮，按照自己的想法去生活的B型的朋友時常讓你覺得羨慕，你覺得「我要是能那樣該多好呀」，其中一半出於嫉妒，一半則他的行為令你感到不高興。

AB 型的朋友

AB 型的朋友總是八面玲瓏而讓人捉摸不透他到底在想些什麼，你和他與其說是感情好，倒不如說是他是你消息的來源處。

你們在往來很久以後，也總是覺得有些隔閡無法徹底解開，O 型人總是追求深交，所以你對於你們之間的交往會感覺有些寂寞。但是，因為他是個情報通，人緣很廣，又會玩，你覺得他有用得著的地方。他總是能給你帶來一些有用的資訊，充實和豐富你的生活，所以還是繼續和他做好朋友吧。

O型人的交際魔方

O 型人與 O 型人相處

因為氣質傾向的類似，很容易惺惺相惜，而又由於氣質相似，又會相互排斥，一旦有了衝突，容易反目成仇。所以，同一血型的人成為好朋友的可能性和成為敵人的機率幾乎是一樣大。因此，當你和 O 型的同血型人相處的時候，除了要對對方

的情況有所瞭解外，更要重視對方的存在，最好的方法是以自然的言行舉止交往，這樣你們才能建立更深的感情。

然而，一旦你和同血型的人處於對立的狀態下，你們之間的矛盾將升級以至於無法妥協。如果你想和O型人維持長久的良好關係，首先一定要認清他的長處與短處，在採取任何行動之前，最好保持「退一步海闊天空」的心理，使自己變得胸懷坦蕩些，體諒對方的心情才能和睦相處。

O型人與B型人相處

B型人大都會在最初交往的時候，表現得很主動、很積極，但是往往隨著正式交往的開始，你在交往中會逐漸佔據主動，成為掌握主動權的核心人物，一躍而成你們交往中的關鍵角色。

即使O型人是作為領導人物，但是O型人會比較尊重對方的想法，絕不妄自尊大，自作主張，產生不尊重對方的想法。只要你誠心誠意地對B型人好，他會立刻就感覺到，即便你在你們的關係中佔據主動關係，而B型人處於從屬地位，那麼你們之間的良好關係就會非常快地建立起來，在別人眼中，領導型的你和簡單、真誠的B型人是天生的一對朋友。

在朋友之間，爭吵和糾紛是在所難免的，你會把B型人的諸多缺點當成是優點看待，從心底裡對他有著無比的包容，但另外一方面，B型人常常會對你的不足表示不滿，動不動地就會挑起你們之間的爭論和戰爭。

朋友間鬧點不愉快是在所難免的，但遇到大事的時候你們

會一掃之前的不快，一起將矛頭指向主要的「敵人」，你們關注的焦點會突然來一個大轉彎，兩人重歸於好一起合力處理問題。

但是，一旦你們的交往不是出自真誠的友誼，而是為自己的利益而利用B型人時，你們之間的友誼將不復存在，建立起來的信賴關係便會輕而易舉的喪失，甚至關係破裂。O型人的本位態度讓B型人感到十分敏感，假若你要和B型人建立良好而永久的關係，切記這一點。

如果O型血人想與B型血人保持天長地久的友誼，就要盡可能少地避免矛盾的發生，因此學會控制自己的情緒顯得尤為重要，O型血人不妨在實際中表現得客氣些，當B型的人對你的事記在心上，很關心你的境況時，你首先要接受他的好意，適時地加倍地表達感激，報答他對你的好，做到這些才可以建立起深厚的情誼。

O型人與A型人相處

你與A型人最好的交往的方法就是真實自然。不要花言巧語又過度熱情。最好自然地和他交談接觸，自然與他交流。因為對於你來說，表現自己，算是一件輕而易舉的事。

在實際的交際場中，你也許是多話的。你只會在自然的公眾場合的表現中，A型人才能感受到你的誠懇的態度、多才的能力、行為能力，以及不懈努力等優點。只有按照上面說的這個方式，適度地和對方接觸，兩方便會漸漸地成為交心的朋友。伴著一些差別的消失，對方就會成為自己精神上最優夥

伴。

如果你想要持續兩人長久的交往關係，最好的方式便是君子之交淡如水，切忌過急的瞭解對方的心理世界，或多或少的保持一定距離，逐漸的與他接近，這樣，最終就可以贏取A型人的信賴。

O型人與AB型人相處

與AB型人打交道之前你就要弄清楚一點，他們很會看準時機，即使AB型人對你再討厭，也會主動前來親近你。你會在與AB型人相處的過程中充分發揮互助合作的精神，並讓大家都注意到。你不在意分擔較多的工作，只是會越來越覺得不是滋味，最後變得非常厭惡AB型人。

而AB型人是一個目的性很強的類型，而你又是性格比較堅毅的，在你們接觸的時候，完全出於工作上的目的，他會利用你，這相對於AB型人來說是最好的結果。但是認真一想，AB型人會害怕你對他緊抓不放的態度，他們一般會對你敬而遠之，這時候兩個人通常都自然而然地疏遠，而肯定不是正式的一刀兩斷。

如果你們想維持長久的關係，那麼最好不要輕易放棄彼此。AB型血人有時也是很坦率的，只要你向他們表現出友好並願意交往時，AB型的人會很樂意與你交心並親密地和你往來，只要你不多管閒事，而且雙方沒有形成對立關係，你們就會長期保持關係，而不至於各奔東西。

和AB型人長期友好交往應注意以下三點內容，一是過分

的客氣是不必要的，二是要三思而後行，三是對於朋友的缺點盡量不要妄加評論或用言語攻擊。

如何與O型異性相處

如果你是O型的人

兩個O型異性在一起時，所顯露的特徵是雙方都很理性，而且在他們眼裡不會看到對方是異性的人，不被感情所左右、理性穩重是O型人的優點，他們不會顧及到你是否是異性，一點也不會謙讓和妥協，都會以很幹練乾脆的方式和對方交往。

作為O型的人，他們常常會對對方表現出不客氣的舉止和行為，尤其是O型的人經常不考慮對方的心情和狀態，在對方的面前彰顯自己的優點，有時會笑話對方的缺點和錯誤，所以儘管O型人平時做事都是光明磊落的，但尤其要注意在與人相處的時候，要收斂一些，不要讓自己的光芒刺傷別人。

此外，O型的人好惡分明，不喜歡神經敏感纖細的人，他們對於男女朋友也是這種態度，但是面對不喜歡、討厭的事情時，嘴上雖然會說出來，但是表面表現出來的還是很平靜，儘管此時可能內心很愁苦憋悶。

如果你是A型的人

對A型的人來說，O型異性是非常重要的一部分，儘管在表面上，A型的人總是不願意承認這個事實。

如果O型的人是男性，A型的人是女性，那麼A型女性最好在不委屈自己的前提下，自己站在總從男性的角度，儘量以O型男性為中心，當O型男性認為你給足他面子，讓他很有尊嚴的時候，他一定會充分散發出O型人的魅力，盡心盡力地為A型女性效勞。

當A型女性與O型男性正式成為情侶的時候，A型女性一定不要太過女權主義，否則雙方的關係不會太長久。

如果O型的人是女性，A型的人是男性，則A型人最好以「大男人」的態度與O型女性交往，長久交往之後，對方自然能瞭解你是什麼樣的人。如果不是頻繁地交往，則不要以大男人的態度與對方交往，因為那樣容易遭到誤會。無論如何，以先求理解為最先決的條件，明白地表現自己，O型朋友將不會離開你身旁。

如果你是B型的人

當O型異性和B型的你相處的時候，也許一開始，雙方配合得可能很不協調，甚至可能出現對立的矛盾，但是隨著時間的推移，你們將會成為感情很好的朋友。

如果O型是男性而B型是女性，那麼雙方都固執己見，或者都無法接受對方的觀念的話，即使成為朋友，他們也無法好

好相處。O型男性認為B型女性是值得信賴的，是適合作為情侶的類型，但相對於B型女性而言，O型男性卻是一個不易相處的人，所以如果有一方覺得和對方相處不容易，朋友關係的成立也是很難的。

如果B型是男性，而O型是女性，因為雙方有很多共同點，感受性也相似，而O型是女性又帶些男性化的傾向，那麼他們會相處比較融洽，生活在一起也會很愉快，他們是一對絕妙的組合。

當B型的人發現，O型女性並不像第一次見面時印象中的那樣完美的時候，出於感情，他也會打開心胸，完全接納對方。相反，O型女性對於沒有能力的男性卻是很看不起，所以也就不能和那樣的男性成為朋友。如果B型富有學識又很有能力，雙方又有共同興趣，那麼他們將成為很好的朋友。

如果你是 AB 型的人

談到與O型異性的相處的真理，那一定要分兩種情況來看，一種是AB型男與O型女的組合，另一種是O型男與AB型女的組合。對於AB型的人來說，無論對面的O型異性是男是女，你們之間就很容易開出友誼之花。

假如AB型作為女性，而O型作為男性的話，兩方都不太善於考慮對方的想法，也不太去關心對方的行動，長此以往，不可能保持永恆的友誼。一旦這個AB型女性是個愛鑽牛角尖的人，當她任性地去做某些事的時候，O型男性將會對此感到非常迷惑和混亂。

行動型的 O 型男性往往由於不能忍受這種混亂而 AB 型女性說拜拜。然而作為 AB 型女性來說，以忍耐的態度與 O 型男性相處的話，一定不可能保持長久的友誼，假若 O 型人想要維持一定的關係，只有一個辦法，那就是對 AB 型女性做到體貼入微。

　　假若 AB 型作為男性，O 型作為女性，則兩方一定要以溫情相對待，當 O 型女性有求於你的時候，冷靜的 AB 型男性，一定要收斂起冷若冰霜的態度，即便 O 型女性從心底裡想和 AB 型男性成為朋友，但往往由於得不到溫情而喪失耐心。而就 AB 型的男性來說，這會是相當大的一個損失。

Part

4

O型人養生大揭祕

O型人有著怎樣的體質特徵

　　O型人是四種血型中體質最好的。因為在成長階段中，食慾旺盛，睡眠充足，所以他們大多體格健壯，身體結實，他們中往產生許多優秀的運動員。O型人，無論男女，男性化特徵比其他血型明顯，他們性格爽朗，說話乾脆，上進心強，在外貌特徵上，有毛髮濃密的典型特點。

　　O型女性說話聲音比其他血型的女性要響亮很多，他們更容易動怒。因為O型人起源比較早，他們說話時的肢體語言比較多，臉部表情和變化也要豐富得多。他們精力十分旺盛，比較好動，因此，常常喜歡過夜生活，喜歡熬夜。他們的睡眠品質很好，男性中打呼者較多。

　　O型人在健康方面雖然容易生病，但壽命都比較長。容易神經衰弱、患胃病、十二指腸潰瘍，婦科病、膀胱炎等。

　　O型人現實的推理性思維方式，也影響了他們的體質特徵，這其中的原因還在探索當中。

O型人如何減輕身心壓力

O型人進取心強,即使身體感到不適也不願放棄手中的學習或工作。因此,積聚在身體中的壓力無法釋放,很容易得胃潰瘍。在通常情況下,如果O型人稍微有一些壓力或遭受一些困苦,他們喜歡以嘮叨的方式轉嫁到周圍人身上,所以不容易累積壓力。

當O型人所承受的壓力超出他們的極限時,他們的情緒、情感會發生急劇變化,產生極大的波動,通常會表現出沉默寡言、不知所措的狀態。這與平時的他們判若兩人。

O型人適合的減壓方式:

暴力減壓

暴力減壓是用較為暴力的方式來發洩情緒。在英國、日本等地都出現了許多以「暴力」形式減壓的店鋪,在店裡可以打各種人偶,摔桌子、摔碗等等,讓人們宣洩壓力,生意十分好。

O型人可以隨身攜帶一些小氣球、捏捏球、塑膠玩具等小物品,心情鬱悶時,可以捏一捏,或者找個沒人的地方,摔塑膠盤子。或者找個空曠的地方,如足球場、天台,大聲吼幾聲,來緩解家庭、生活中的各種壓力。

音樂減壓

音樂可以舒緩人的情緒,當人們伴隨著音樂節奏快樂或平靜時,壓力能夠得到釋放,關於這一點,很多人都深有體會。

無論聽什麼歌,當人們沉浸在音樂中的氛圍裡時,能夠讓人們忘記或者淡化自己的壓力,心情也慢慢平靜。這也是四種血型通用的減壓方式。

運動減壓

O型人的體質特徵,天生就富有充沛的精力,十分適合劇烈運動。O型人在消耗體力的過程當中,使得肌肉組織呈現酸性,這正是O型人精神的來源。

O型人在健康方面容易出什麼問題

O型人群大多具有較佳體質,雖然平常較易生病,但平均壽命較長。相較於其他血型的人群,O型人群患癌症、心腦血管疾病的機率比較低。O型血這一最古老的血型,具有原始的開放性和包容性。因此,在健康上,很容易出現原始的消化系統疾病特徵。

最易患胃腸類疾病，如腸炎以及消化道潰瘍等……這是由於O型人胃酸分泌本來就多，加上他們的性格又大大咧咧，不注意飲食調養，所以很容易刺激胃腸，引發胃腸類病。因此，在日常飲食上，O型人群可適當多食用生薑、亞麻籽、海藻等，對預防腸炎有較好效果。亦可食用富含B群維生素C的食物（如新鮮蔬菜水果）和黃連素等，防止細菌感染引起消化道潰瘍。

易罹患甲狀腺功能失調和炎症

O型人甲狀腺最容易出現機能亢進或減退的情況，這給O血型的人帶來了很多健康問題，包括掉髮、恐慌緊張、渾身乏力等。而且，O型人可能發生炎症的範圍和機率都比其他血型的人更多一些。

所以，這類人在飲食上應堅持O型血的飲食計劃，避免食用過多的穀類食物，尤其要避免全麥食物和乳製品。

易在手術中大出血，所以需格外注意

如需做手術，手術前千萬不要吃大蒜、銀杏等，這些食物會使血液變稀。平時補充一些維生素A、維生素C、維生素K等，有助於血液凝固。

此外，在B型肝炎患者中，O型人最多，且病情較重。發生妊娠中毒的患者也以O型血最多，且與新生兒溶血病關係密切。O型血的男性易患前列腺癌、膀胱癌等。

當然，以上所述並非絕對，易患疾病也只是相對而言。影響人體疾病發生和發展的因素眾多，只有養成良好的心理與生理習慣，並注意保健，才是真正的健康養生之道。除此以外，

還有以下幾種基本預防疾病的方法：

增加運動

加強自我運動，可以提高人體對疾病的抵抗能力，還是放鬆心情的良藥。可以制定一個鍛鍊計劃，透過慢跑、騎車、打球，等等，釋放情緒，減少自由基的侵害。

少菸少酒

抽菸時人體血管容易發生痙攣，局部器官血液供應減少，營養素和氧氣供給減少，尤其是呼吸道黏膜得不到氧氣和養料供給，抗病能力也就隨之下降。少酒有益健康，嗜酒、醉酒、酗酒會削減人體免疫功能，必須嚴格限制。

睡眠充足

睡眠應占人類生活的1/3時間，它是幫你和「亞健康」說再見的重要途徑。

把心放寬

人在社會上生存，難免有很多煩惱，必須應付各種挑戰，重要的是透過心理調節，維持心理平衡。

勞逸結合，張弛有度

不能讓身心一直處於高強度、快節奏的生活中，每週遠離喧囂的都市一次。郊外空氣中，離子濃度較高，能調節神經系統。適度勞逸是健康之母，人體生物鐘正常運轉是健康的保證，而生物鐘「錯點」就是不健康的開始。

O型人養生建議食譜

　　每種血型都具有一定的抗原，用不同的方法作用於不同的物質，尤其是對植物血凝素，所謂植物血凝素是一種含在食物中的蛋白質，可以讓血液凝固。可增加體重的食物：小麥及其副產品：麵餅、甜麵包、白麵包、玉米、餡餅、餅乾、小扁豆、四季豆、花椰菜和洋白菜等。

　　經過炎熱而漫長的盛夏，身體消耗較多的能量而進食相對不是很多，因此在氣候溫度漸低的秋季，就必要調養一下身體，也為寒冷的冬季的來臨積蓄好能量。

　　人們經常會因為快節奏的生活而忽略的平日的飲食，大部分人僅是滿足於簡單的溫飽就好，忽略了營養搭配。一瓶純淨水一份速食、一杯可樂一個漢堡可能臨時的騙過我們的腸胃，但長期這樣往往會對健康構慢性危害。飲食保健得當，肯定能讓O型人愉快地生活！

　　O型人祖先是狩獵民族，飲食特點是以肉食為主，他們的消化系統也比較適應這種飲食特點。但是光吃肉食是不行的，還是要注意營養平衡，才能保證身體健康。

　　因此，除了肉食外，O血型的人的飲食原則應遵循以果蔬為輔的原則。具體措施可如下：

　　♠O血型的人經常吃肉類食品，所以應該適當地補充適量的蔬果。應該遵循肉食為主，蔬果為輔的飲食原則。

　　♠每週可以吃幾次富含優質蛋白質的肉類食品，以增強體力，數量不宜過多以中等為宜，這樣可保持旺盛的精力和快速的新陳代謝，從而增強體力。但如果肉類食品煮得過熟，就會破壞其中的營養成分，所以要注意在烹飪過程中掌握好火候。

　　♠要少吃或者最好不吃乳製品，它們不容易被O型的人消化吸收。

　　♠一些深海魚類，如鱈魚、鮭魚和沙丁魚等，富含魚油，可以適當地吃一些。這類食物有降低膽固醇、改善心腦血管的作用，對因高血脂、高膽固醇、高血壓引起的心血管病起到了很好的促進作用。

　　♠豆類不是O型血的人特別好的蛋白質來源，要適量食用。

　　♠O型血的嬰幼兒不宜多飲果汁，特別是不滿兩周歲的嬰幼兒。因為水果中部分物質易與O型血液產生凝集反應，進而影響孩子食慾和銅元素、鈣元素的吸收，易導致孩子營養不良，影響正常的生長發育。

　　♠如果你的消化系統有毛病或體重過重，則要避免燕麥。全小麥食品也會引起很多問題，要儘量避免食用。玉米、小麥、馬鈴薯、花生、菜豆、四季豆和小扁豆等含有對O型血有害的凝集素食物，儘量避免食用。

O型女生美容瘦身全攻略

當O型血的女生發現皮膚出現狀況時，例如乾燥、起皺紋、長斑，不管什麼化妝品，統統抹在臉上希望立刻改善，這絕對不是明智的做法。

在美容方面，O型血應注意以下兩點：

細心呵護自己的皮膚

O型女生性子急，凡事急於求成。雖然速效化妝品能解決「燃眉之急」，但對皮膚有刺激。所以，細心呵護才是保養皮膚的有效方法。

不要頻繁更換化妝品

O型血女性皮膚表面的皮脂腺、汗腺較粗，亂用護膚品，容易造成皮膚過敏或拮抗作用。必要時，你可以請教美容師幫你分析膚質，挑選適合自己的化妝品，堅持用完一定的療程。

O型人家庭生活小提示

O型人在生活中的奇異表現

　　O型人具有強烈的競爭意識，無論是愛情還是事業，他們期望在一個公平的環境下，大家可以展開競爭，看看到底鹿死誰手。

　　一個在事業上頗有建樹的O型人曾說：「我決心獲勝，決心使我們公司的業績更上一層樓並擊敗競爭對手。」血型說的研究證實，O型人的競爭意識一般比較強，無論是在工作中還是在遊戲裡，他們都熱衷於競爭。

　　競爭有利於提高工作效率和學習成績，增強智力和操作能力。在競爭的過程中也能培養良好的人格品質。列寧在談到競賽對人格品質形成的作用時說，競賽「在相當廣闊的範圍內培植進取心、毅力、大膽和首創精神」。

　　然而，在形成良好人格品質時，我們需要克服人性的弱點：忌妒。忌妒心每個人都有，甚至某些時候成為前進的動力，但過於忌妒，就會在競爭失利時心理不平衡，採取非常手段打擊、報復對方。要消除忌妒心理，則可採用下面方法：

自我宣洩

　　有時面對生活和事業上的巨大落差，或社會的種種不公正現象，人們都難免會出現一時的心理失衡和忌妒。這時，要是

實在無法化解，可以適當宣洩一下。例如，找一個較知心的親友，痛痛快快地說個夠，出氣解恨，求得心理上暫時的平衡，然後由親友適時地進行一番開導。發洩過後你一定會覺得心裡好受許多。當然，這種方式並不能最終解決忌妒心理，還需要其他方面的調整。

正確評價競爭

如今社會上競爭無處不在。當看到別人在某些方面超過自己的時候，不要盯著別人的成績怨恨，更不要企圖把別人拉下馬，而應採取正當的策略和手段上下工夫。

正確評價成功

有了關於成功的正確價值觀，就能在別人有成績時給予肯定，並且虛心向對方學習，迎頭趕上，以靠自己努力得來成功為榮。採取正確的比較方法，將人之長比己之短，發現不足，及時改正，迎頭趕上。

正確評價他人的成績

忌妒心往往是由誤解引起的，即人家取得了成就，便誤以為是對自己的否定。其實，一個人的成功是付出了許多的艱辛和巨大的代價的，人們給予他讚美、榮譽，並沒有損害你，也沒有妨礙你去獲取成功。

提高心理健康水準

心理健康的人，做人做事光明磊落，而心胸狹窄的人，容易產生忌妒。忌妒心一經產生，就要立即打消它，以免它在你心中作祟。這就要靠積極進取，使生活充實起來，以期取得成功。

能客觀評價自己

忌妒是一種突出自我的表現。無論做什麼事，首先考慮的是自身的得失，因而引起一系列的不良後果。所以，當忌妒心萌發時，或是有一定表現時，要能夠積極主動地調整自己的意識和行動，進而控制自己的動機和感情。這就需要冷靜地分析自己的想法和行為，客觀地評價自己，找出差距和問題。當認清了自己後，再重新認識別人，自然也就能夠有所覺悟了。

生活中，競爭在所難免。若想自在生活，愉快工作，使自己的生活充滿陽光，必須走出忌妒的泥潭，學會光明正大地競爭，克服忌妒心理。

O型人有怎樣的婚戀家庭觀

希望自己成為家庭的核心，是妻子和孩子的保護神和最可信賴的、強有力的保護者，願意扮演一名好家長的角色。如果在能力上能達到這一要求則會成為最溫存大度的好丈夫；反之，會因為過於大男人主義而貶低妻子，甚至有時動用家庭暴力。一旦他的權利慾望得不到滿足，則會自暴自棄，重則離家出走，甚至敗落到賭博、酗酒、移情別戀的地步。對家庭和子女感情最深，特別疼愛子女，特別重視子女的教育問題。

生活方面靠得住,能力強,願意掌握家庭經濟的決定權,親自管理錢物收支。很大一部分人除了交給妻子支配一部分生活必須費用之外,其他都由自己獨攬。非常重視人際關係。對重要的交際對象在請客送禮方面一絲不苟。在客人面前或外面談笑風生,幽默風趣;在家裡沉默寡言,這種丈夫較多。在家裡,有的懶得什麼都不做,有的則非常勤快,各不相同。一般說願做自己拿手的家務。喜歡講解,但有些故弄玄虛。

在工作方面,能夠得到妻子理解的願意多講,否則就隻字不提。不願做飯,對廚藝的興趣不高,但食慾很好。

在生活作風方面,最經不起女子溫柔與癡情。除了有時表現出一些無大礙的輕浮行為之外,大都是有賊心沒賊膽,只是想入非非,絕對沒有行動。

O型女子是生活、家庭內的核心

性情穩定,感情平淡,令人信賴,但風度略顯不足,顯得有些小氣。不過,有時也喜歡詩意般的幻夢,輕佻中略顯天真,讓人感到是個可愛的妻子,是富有感情的母親。儘管結婚前還是很天真爛漫的少女,一旦結婚就會立即成為非常實際的

家庭主婦。重視家庭關係的和諧，充滿母愛，在維繫家庭關係的核心人物。

很懂得如何撒嬌博得丈夫的歡心，但也絕不會屈服於丈夫的壓制。可以在別人面前批評自己的丈夫，把他貶得一文不值，但是卻不能忍受別人說他一點兒不是。

一開始，對於丈夫的工作表示極大的關心，並積極給予幫助，但是不久就洩氣了，不能一貫堅持下去，一旦對丈夫的事業出現失望，則變得只會關心孩子。發現丈夫不愛自己時，會與之進行激烈的鬥爭。但對丈夫為了一時痛快而發生的生活作風問題卻能夠給予諒解。

精通教育子女之道，是一個十分疼愛孩子的母親，但是有時也特別容易溺愛或是管教過嚴，使孩子產生反叛情緒。很會累積財產，絕對不會因存錢造成生活艱苦而牢騷滿腹，家庭收支計劃充分，執掌財政大權。

在料理家務的時候不夠耐心和細心，只抓大的方面，厭煩機械性的事務和家務勞動。對於烹飪技術只要稍加學習即能很好地掌握，但不經過訓練，便是一竅不通，手腳比較笨拙。

不願涉足法律方面的問題，一般都將此類事務交給丈夫去做。其中的大多數人善於交際，熱情好客，抱著揚善除惡的理念，常常會樹敵。在中年之後對於社交活動的慾望變得越來越強烈，中晚年享受富有個性的社會生活。

O型男女如何應對夫妻關係

O型丈夫＋O型妻

一致點

1. 雙方都是重視人際關係得人，在對外的事務上保持著一致的態度，而且步調相一致。

2. 雙方都是比較現實的人，所以他們在生活態度和生活方針方面非常地相似。

3. 雙方都比較尊重對方的個性。

4. 雙方都非常地不較真，一旦發生爭執很願意化解，問題發生了他們都在想著如何解決，而不是無休止的爭吵。

相斥點

1. 雙方的現實主義傾向和浪漫情趣如果不是同步出現，有可能引發禍端，釀成感情危機。

2. 雙方都厭惡說教，同時也都喜歡給別人講道理，好為人師。

3. 當兩人在人際關係的重視傾向方面產生分歧的時候，很可能產生衝突。

4. 雙方欠缺為對方服務與犧牲的精神。

可能傾向

大多數情況下，如果兩個O型血組成的夫婦他們的年齡差大於六七歲的時候，年長的一方容易產生保護年輕者的心理類似母性的慈愛感情，而且這一點沒有性別之分。

年輕者一般都很願意接受這種關愛與保護，渴望得到指導與關懷，並對年長者撒嬌。在這種情況下，這一組合的生活一般都是比較甜蜜的。

但是，如果雙方年齡比較接近，兩人的指導欲、好勝心以及強加於人的傾向就有可能顯現出來，進而引起雙方的爭鬥。其結果可能是其中的一方變得順從，但更多的是雙方發生爭執，吵鬧起來，各不相讓，最終變成一對貌合神離的夫妻，各自去追求能體現各自價值的生活，關係也是若即若離。

不過，當有事情發生的時候，這對夫婦的凝聚力還是非常強的。由兩個O型組成的夫婦婚姻會比一般的組合走得長遠，他們的婚姻破碎率相對比較低。

到了晚年他們會更加珍惜對方，把對方看成是自己密不可分的夥伴，甚至是生活中不可或缺的部分。

O型丈夫＋A型妻

一致點

1. O型丈夫一般都是性情較為粗率，A型妻子則是性格細膩的成分多一些，雙方正好可以達到互補。

2. O型丈夫做事雷厲風行，行動指向性和目標性都比較強，對於既定目標會勇敢大膽地追求，A型妻子心思細

膩、行動謹慎，雙方都比較能夠肯定對方。

3. 重視人際交往的O型丈夫和富有服務精神的A型妻子可相得益彰。

4. O型丈夫做事輕率，這種個性使同他一起生活的A型妻子感到壓力沒那麼大，會比較放鬆。

相斥點

1. O型丈夫做事易缺乏深入細緻的思考，容易使A型妻子對他產生不滿。

2. 生活上具有享樂傾向的A型妻子和以實用為主的O型丈夫在生活態度上可能發生衝突。

3. A型妻子性格不夠直爽而且固執愛鑽牛角尖，會使O型丈夫感到棘手、難相處。

可能傾向

在A型妻子看來，O型丈夫處事的粗略態度和時而表現出的單純性又很有趣而可愛。O型丈夫具有對目標不懈追求和勇往直前的能力，而且生活能力也是超強，因此頗具男性魅力。

對於O型丈夫來說，A型妻子的周到、細心以及服務和奉獻精神也是女性可信賴和魅力的表現。因此，這一男剛女柔的組合通常會形成夫唱婦隨的關係。特別是在新婚階段，更容易成為形影不離的人生伴侶，家庭生活也會無比甜蜜和諧。但是，隨著共同生活的時間的推移，A型妻子表現出來的不妥協的固執態度和愛爭論的傾向可能使O型丈夫產生懼內的感受，同時對A型妻子感到束手無策，甚至有的可能會去家庭外部尋找快樂和精神上的安慰。

此外，不少O型丈夫在家中都是沉默寡言的，特別不會理解妻子，所以這種組合很容易使妻子感到不滿，進而對丈夫抱有埋怨之心。當這種不滿積壓過多的時候，一旦爆發就會對家庭生活帶來危險。

B型丈夫＋O型妻

一致點

1. 爽直的O型妻子和表裡如一的B型丈夫在思想上很容易進行溝通。

2. O型妻子常常是感情表露得十分豐富，這一點會得到B型丈夫到由衷的欣賞。

3. O型妻子現實感很強，她會及時糾正容易出格的B型丈夫的行動。

相斥點

1. B型丈夫思考方式靈活、興趣廣泛，這一點常常和直線型思維的O型妻子相悖逆。

2. B型丈夫在行動傾向上容易自行其是，這點和O型妻子個性較強的性格易產生衝突。

3. B型丈夫的幻想浪漫與不合實際傾向容易使現實感強的O型妻子感到難以對付。

可能傾向

在B型丈夫＋O型妻的組合中，妻子一般都起到很大的影響作用。O型妻子往往善於對人進行鼓動，而B型丈夫是比較容易受到他人鼓動的一類，在這一組合中，常見B型丈夫由於

經過長期受到O型妻子鼓動、引導而改變人生道路的情況時有發生。而這一組合也常被引導、鼓動為中心的授受關係所支配，在這一類型中，丈夫多是極易相處的類型而妻子也是整日歡笑。

此外，B型丈夫還有將自身工作作為家庭生活話題的傾向，O型妻子具有積極關心、支持丈夫事業的願望，同時還可以在人際交往方面彌補妻子的不足。因此，O型妻子一般都能成為丈夫的賢內助。

此外，當O型妻子對B型丈夫的社會活動能力和生活能力失望時，O型妻子也可能對B型丈夫產生反感。

A型丈夫＋O型妻

一致點

1. A型父親較為嚴厲而O型妻子比較富有母愛而慈祥，他們在教育子女方面是一對良好組合。

2. A型丈夫在人際交往方面比較周到、細心，O型妻子對於交往也是一樣的周全和熱心，兩人配合默契。

3. A型丈夫較為細心而且情緒穩定與較為粗心的O型妻子正好可以取長補短。

相斥點

1. 相對於O型妻子對家庭環境的不在意，A型丈夫對家庭環境、佈置、擺設較為熱心、講究，且喜歡經常更換。

2. A型在生活中一般是愛消費，屬於享受型，但O型卻大多吃苦耐勞，較重視實際。

3. A型常常喜怒哀樂不形於色，經常壓抑自己的感情，這一點常常令熱情、爽直的O型妻子感到不滿。

可能傾向

在這一組合中，O型妻子常常渴望得到丈夫理性的指導與男子漢式的保護。從這方面來說，A型男性比較適宜丈夫的角色，對於O型女性來說，A型嚴厲而合乎情理的態度和自我壓抑中所隱藏著的堅毅都是O型所欠缺的氣質，這些都深深吸引著O型，這在她看來是男性陽剛之氣的表現，並且，A型細緻的作風也被O型看做是聰慧的表現。

但是，從O型來說，A型丈夫不肯暢所欲言的保留傾向以及A型對維持家庭秩序的嚴厲性，有可能使O型妻子感到不滿，也可能使她感到束縛。如不能很好加以調整，也可能給這一組合帶來陰影。

從A型男性看來，O型的單純、直爽和天真童趣，都會給A型帶來輕鬆感，使他的情緒安定、祥和、平靜。此外，當O型妻子對事業過於熱心時，可能會因此與丈夫產生矛盾與衝突。因此雙方應多開展對話，增加理解，進而在諒解的基礎上達到幸福和完美。

A型男性在家庭裡頗有些大丈夫味道，同時A型為維持家庭而表現出來的強烈責任感在O型眼中也是充滿現實生活力的表現。A型男性對妻子體貼入微，能博得妻子的歡心。所以，他們若能認識到A型和O型的種種特性，這對組合將成為一對安定、美滿的夫妻。

O型丈夫＋B型妻

一致點

1. O型丈夫在家庭內不喜歡說太多話，而是喜歡聽對方談論，而B型妻子卻屬於在家中話比較多的類型，這種特性正好使雙方達成互補，形成一聽一講的結構，家庭氣氛會很愉悅。

2. 雙方都可以在彼此面前暢所欲言，開誠佈公地、一本正經地，很少進行說教和諷刺。

3. 雙方很不是很流連於曾經的傷痛和感情，以前的矛盾也容易一筆勾銷，不會想太久，大多不耿耿於懷。

相斥點

1. 在飲食方面O型比較注重味覺，強調實用。而B型妻子卻是對各方面都很挑剔，要求飲食的色、香、味俱全。

2. 在家庭財政方面O型丈夫注重實際，而B型妻子卻是失於算計，經常會超支。

3. B型待人親和平等，不論高低貴賤之分，只要性格相投均可成為朋友，這與O型的獨佔性正好相悖逆。

可能傾向

這一組合的O型男性會因為B型女性奔放、熱情的態度而覺得她可愛，進而產生了愛慕之情。在這一組合中，B型妻子通常是願意聽從丈夫合理的生活指導，一同為建設家庭出力奮鬥，能夠成為生活上的真正伴侶。

此外，B型妻子不會介意O型丈夫在家裡的種種不良行為，如在屋子裡抽菸、把髒衣服隨便亂放等，使丈夫感到舒暢、輕鬆。但這一組合在婚後O型丈夫不懂得如何取悅對方，以至於使對方感到不滿足。因此這一組合的夫婦丈夫也可能因此將精力主要用於自己的工作與事業上，一般很少有柔情蜜意的婚後生活。

這一組合的夫婦婚後關係比較穩定，B型對人無差異性傾向導致即使在夫婦之間，B型妻子也不太承認丈夫在家中的絕對權威地位，即使丈夫為此事發怒施威，妻子可能也只是覺得丈夫是專橫跋扈而不予理解，最終將會導致丈夫感到家庭生活無望。

此外，O型比較重視人際關係交往，但B型妻子卻對此不屑一顧，這樣會使丈夫陷入窘境。尤其當丈夫處於逆境時，這些因素一旦存在，將最終導致丈夫對妻子的不滿與日俱增，嚴重時可能會導致家庭破裂。

B型丈夫＋AB型妻

一致點

1. B型的思維比較有廣度而AB型屬於思維敏捷型的，這樣的雙方組合比較容易接受和理解對方的想法。
2. 雙方在思想表達上比較接近，生活中幽默感較強。
3. AB型中其中「B」型成分快速的行動特性和B型丈夫正好一致「A」型成分具有強烈的思考能力對B型丈夫能夠產生刺激，進而使其發生興趣，因而雙方步調比較一致。

相斥點

1. 雙方相近、實力相當，在採取共同行動時，兩人都有自己的見解，不願輕易聽取對方意見。

2. 在行動上，B型多追求變化性的刺激，而AB型則屬於穩健成熟的作風。

可能傾向

從「相互理解」這一方面來說，這對組合完全稱得上「最佳組合」。

這一組合的雙方對對方的工作和生活常較少干涉，這有利於各自在事業上的發展。但B型丈夫常有希望妻子關心、理解自己工作的願望，因此對妻子的不干預態度多少也會抱有不滿。

不過B型丈夫在家庭生活中最看重家庭本身的安寧和穩定，所以這點不滿也不至於釀成重大後果。而且，隨著時間的推移，丈夫會漸漸地放棄這一要求，進而形成一對「恬靜型」的夫妻組合。

一般說來，雙方的愛慕之情往往在理解的基礎上建立起來，婚前就認為他們就對自己的性格和思想瞭解得比較深入了。在婚後這種相互理解感一般不會有太大的改變，雙方的家庭環境會是比較輕鬆、舒適的。但是，略帶有些「學究氣」的B型丈夫，經常會在有些事情上面顯得死板，所以這種氣氛即使很輕鬆，但也產生不了特別的甜蜜感。

其他組合相比，這一組合的夫婦間刺激感和緊張感都不強，但同時遇事凝聚力和抵禦力也比較弱。此外，AB型對世

俗陋習較為厭惡加上 B 型的不善社交，他們兩人形成的家庭形態會是比較封閉的。

O型丈夫 + AB型妻

一致點

1. AB 型妻子對於家庭中的地位追求不高，滿足於主婦的地位，進而使追求家長地位的 O 型丈夫感到滿足。
2. O 型丈夫的爽直容易被 B 型妻子充分理解。
3. AB 型妻子在接待客人和烹調方面比較擅長，這一點是注重人際關係的 O 型丈夫比較得意的一方面。

相斥點

1. O 型善於「慣性直線思考」，而 AB 型的較深廣的聯想和思考方式可能使「慣於直線思考」的 O 型應接不暇，有時甚至會令 O 型變得焦躁、著急。
2. AB 型講究飲食趣味，而 O 型則注重以實用飲食為主，因此二者可能會在日常飲食中發生摩擦。
3. 「追求合理性」的 AB 型一般會對家族觀念較強烈的 O 型產生牴觸情緒甚至反感。

可能傾向

　　對 AB 型女性來說，如 O 型男性有較好教養，對女性態度溫柔、熱情、而且如果 O 型男性沒有自卑感時，則可能成為理想的丈夫。這時的 AB 型妻子就可能全身心地投入 O 型丈夫的懷抱，把 O 型丈夫作為精神的寄託。O 型丈夫對 AB 型妻子的嬌嗔、情緒的變化都會毫不介意，並且樂於接受，進而成為

「極為甜蜜」的一對組合。

O型男性性格活潑好動，對伴侶比較深情，AB型女性常常認為O型男性豪邁的作風是男子漢氣質的體現，所以B型女性和O型男性發生戀愛的機率較高。但如果O型丈夫因某種原因產生自卑感，那情況就會非常不同。O型丈夫天生具有強烈的家長作風，甚至會對妻子採取「高壓政策」，但是這麼做只能夠引起AB型妻子蔑視和反感，甚至對丈夫報以尖刻的嘲諷和蔑視，這樣的話，夫妻間的矛盾將會逐步升級，甚至最終仇視對方，成為對立的敵人。

當然，誰也不希望這種情況的發生，AB型妻子負有大部分責任。因為作為AB型妻子，對O型丈夫不應該像批評小孩子一樣，應該給他留些面子，不能使丈夫感到太窘迫。

總之，在這一組合中，雙方都應對對方思想方法的改進和為人採取儘量的寬容和理解，儘量發展雙方的一致點，尋找到更多的興趣契合點和愛好。只要AB型的合理性和O型的現實性能夠相輔相成，他們就一定能在事業上和實際生活中成為美滿的一對。

AB型丈夫＋O型妻

一致點

1. AB型丈夫理性的判斷和O型妻子現實的計劃可相互彌補、相互協調。

2. AB型丈夫不傾向於追求家庭中權威地位，O妻子會在家庭生活中感到滿足與輕鬆感。

3. B型善於多方位思考，他能對O型妻子起到指導作用，
彌補O型直線思考的不足。

相斥點

1. 在愛情表現方式上面雙方的差異較大。

2. AB型丈夫大多興趣愛好廣泛，這點是O型妻子不具備
的，常常令其望塵莫及。

3. AB型丈夫性情淡漠，這在O型妻子看來易形成誤解認
為其缺乏情感，同時O型妻子的交往特性又容易被丈夫
理解為交際氾濫。

可能傾向

O型強烈的浪漫色彩和愛情表現力如和AB型富於情趣、
好空想的傾向互相協調時，這一組合也能成為極為美滿的一
對。但雙方不能很好協調時，AB型的幻想就容易和O型的現
實性發生衝突，AB型的合理性和O型的浪漫性也可能產生摩
擦。當這一組合產生危機時，常以女方採取主動為多。

在O型女性看來，AB型男性的敏捷性、合理性，以及多
方位的思考方式都是智慧和理智的表現，O型女性一般都是以
仰慕之情來看待AB型男性，且常常給予超乎實際的評價。

在AB型男性看來，O型女性爽朗的個性、較強的現實生
活能力，以及天真、可愛、單純的氣質會令AB型男性充滿嚮
往。但是，當O型妻子發現AB型丈夫與自己理想中丈夫的標
準還有差距，也可能由此深深地失望，給家庭生活帶來陰影。
其實，如果這一組合在事業和家庭生活上配合協調的話，也是
一對不可多得的完美合作夥伴。

O型媽媽如何教育孩子

O型血具有慷慨熱情的人格特性，做了母親的O型人很容易對孩子出現「溺愛」傾向。O型血媽咪具有強烈的母性特質，會對可愛的小寶貝投入全心全意的關愛與呵護。但正是這份溺愛，使孩子變得很主觀、很霸道，反而給孩子很大的壓力。

照顧孩子的方式

身為O型媽咪，你需要給孩子一點時間和空間，不妨儘量保留你的直率和熱情，若是能給孩子更寬鬆的環境，建議你用商量的語氣和孩子說話，這樣會比命令式的語氣好很多，效果也會棒很多。

與各血型孩子相處祕招

A型孩子

當「急驚風」的O型媽咪，遇到「慢郎中」的A型孩子時，真是會有「快要抓狂」的狀況發生。O型血媽咪與A型血孩子相處的最好方式就是要懂得「忍一時風平浪靜」。

由於A型孩子天生有著超脆弱的自尊心，O型媽咪對他又吼又叫是讓他非常難以忍受的，或者O型媽咪對他慢吞吞的動作表示責怪，這都會令他很傷心。此時，孩子內心是又氣又難過，而在一旁生氣的O型媽咪，這時還不知道狀況，還在猜想為什麼這個動不動就鬧彆扭的小寶貝這麼難應付呢？其實，只需要O型媽咪轉一下腦筋，退一步想，試著用平常的口吻和A型孩子多一些耐心的交流，情況就會大大改善了。

B型孩子

O型媽咪與B型血孩子會相處得非常融洽，只要你帶著古怪精靈的B型孩子和你一起按部就班地做遊戲、學習，你們就能開開心心地過一整天。

B型血孩子天生喜歡新鮮事物、活潑好動，O型媽咪大可放手讓孩子在生活的大風大浪中去闖去學習，這也會培養他形成具有領袖自信心的人格特質。但是，好動愛耍酷的B型血孩子，可是又鬧又愛發火的，O型媽咪千萬別真跟他鬥氣，反而要用一顆寬容的心去引導他。

O型孩子

固執的O型媽咪以強勢的角色和同血型的孩子相處，因為兩個人都具備太過「強悍」的個性，媽媽如果太過固執勢必會傷害兩人之間的感情。甚至O型孩子會由於害怕，而躲避和O型媽咪單獨相處。

如果O型媽咪以溫柔的態度和建議的口吻眼孩子說話，那麼和熱情又樂觀的O型孩子就會很好相處，孩子也會很開心很快樂，只要一句話，一分鐘以前那個固執的小蠻牛，就會破涕

為笑忘記自己為什麼要哭鬧了。

AB型孩子

在AB型血孩子的內心深處充滿著濃厚的感情，會因為感情豐富而情緒起伏不定，也很容易受到傷害。所以，O型血媽咪千萬不要以您自己的原始性格去和這個「小大人」相處哦。

你越強勢，他就越排斥你，甚至會疏離你。如果O型媽咪能用感性的態度和AB型孩子相處，則彼此都能互相依賴，並用濃濃的愛去擁抱對方。

O型男的理財方式和金錢觀

O型人的財運比較差，他們似乎與錢結了怨，總是需要玩命地賺，才能比較有錢。每遇到賺錢的事，他們都是分秒必爭，六親不認，近乎於搶。

在他們的賺錢哲學裡，是不允許坐等錢從天上掉下來的。因此，眼前有錢，他們勢必賺之而後快。

與O型人為友是一件很愉快的事，他（她）會對你非常慷慨。當然，這僅限於你是他（她）的知心朋友。有時，他們也是很小氣的。當他對別人比較大方時，多是因為他賺到了錢或者對對方有所求。他們是比較現實的一種人，你大可不必因此

而疏遠他（她），因為他（她）對朋友間的交往還是真誠、可以信賴的。

　　O型人對金錢的直覺很敏銳，能夠嗅出「錢味」，比較喜歡可以控制一筆錢的感覺，也有掌控金錢的能力。大部分O型人對數字都很感興趣，也熱衷於各式各樣的理財、投資方式，而且一旦確定了目標，他們極可能會大筆投資下去。因此，O型人可稱得上是超愛投資的一類人。這類人通常在古董、字畫的收藏上極有心得。

O型人之黃道十二宮

O型×白羊座

性格分析

O型白羊座的你，整體來說，性格的原則是「爽快、乾脆、斷然」，行動特徵是分析判斷型。無論做任何事情都慎重判斷當時的情況，要仔細看清事實，然後才付諸行動。

你人際關係雖然很好，卻不喜歡嘮嘮叨叨、情理部分、死纏活追的關係，無論做任何事，你都討厭拖泥帶水，喜歡乾淨俐落。你不以自我為中心，但是卻有很強的自我意識，不肯服輸，你最討厭在別人後頭做一隻應聲蟲受人指揮了。如果無法時刻走在別人前面，心中便覺得不舒坦。

你的另一個特徵便是富有人情味，雖然很重視人情世故，但是卻討厭曖昧的人際關係，你幫助弱小的意識非常明顯，尤其遇到路見不平的情形，促使你勇於挺身而出、拔刀相助。總而言之，此型的你，能容許別人來依賴你，卻不喜歡依賴別人。這種心態，或許能夠理解成具有強烈優越感的表現。

你很容易使周圍的人你尊崇於你的領袖氣質，周圍的人會為你著迷，所以你容易被推舉為團體的領導者，這便是O型白羊座的你，得天獨厚的地方。因此，你會比任何人都還要重視

生存的價值，積極發揮個人原有的能力，身為別人部屬，你或表現出平庸無能的樣子，但是，只要有機會從人群中脫穎而出，你就會成為備受矚目的領導者，這或許就是O型白羊座的潛力。

　　不過在O型人中，白羊座是最積極而且很有冒險精神，這種個性導致他們在動機未完全成熟之前，就開始行動，毅然做出決定。這種草率的行動，自然是成功的例子少，而大多數都是因估計錯誤而失敗，或是被迫從新開始。

　　你的好勝心，可說是由O型特有的浪漫意識，以及白羊座爽快的特質相融合產生的氣質。所以你不會因為一時的挫折而意志消沉，因為你是積極行動型，所以，你不會讓自己一直在失敗的悔恨中生活，這樣難免會讓人感覺好勝心過強但卻缺乏耐心。

　　你不會因為好勝，而拒絕接受失敗的事實。同時也不會因為害怕失敗，而喪失行動的勇氣，

溫馨小提醒

由於你的性格比較爽朗，因此應格外注意不要被狡猾的人所利用。

白羊運勢

　　O型白羊座的你屬於少年有成的類型，在年輕時即能獲得同齡人難以企及的成就。你的財運整體來說不錯，不會有缺錢花的苦惱，你為人大方，出手闊綽。但你並沒有看起來那麼闊綽，因為不會為錢做自己不愛做的事情，因此也容易錯失財

運。若能學會合理地理財,財運會更佳。

你有可能經歷極為轟動的戀情,並成就幸福的婚姻。但要記住,再轟動的愛情都必將轉為平凡的夫妻生活,彼此的信任和忠貞是最重要的。

> 學會合理理財,可以加強你的財運。

職場命運

你有很強烈的自我意識,甚至連自己都沒有感覺到,你的個人意識常常讓你不願意服輸,討厭受到別人的限制。如果身邊能有人提醒你,你會更加客觀地應對問題。

你的性格有時會過分衝動,這讓小人有了可乘之機。你要培養自己的理智和冷靜,讓自己不至於頭腦發熱,造成不可挽回的後果。即使有小人污蔑中傷你甚至陷害你,也不要亂了手腳。先靜下心來反省反省是不是自己的過失,再想出對策來。

因為你擅長交際,當你遇到困難時,朋友們都會伸出援手,這讓你在職場總能逢凶化吉。有時吃一點虧,沒什麼大不了,小不忍則亂大謀,培養自己的忍耐力,方能在職場開拓出一片新天地。

溫馨小提醒

> 小不忍則亂大謀,要想在職場上獲得成功,就要培養忍耐力,時刻保持冷靜和理智。

贏在職場

O型白羊座的你，社會交往能力強，頗具交際手腕。你有極強的進取心，在新環境中也很快就能適應。所以，此型的你對有挑戰性和有彈性的工作比較感興趣。因為，你認為工作是自我能力的一種體現，是對你人生經歷的一項重大考驗。

在女性中，O型白羊座屬於典型的職業婦女，你及其喜歡變化性大，有新鮮感的工作，你的熱情也是一般女性所達不到的。在職場中，管理嚴格的公司並不適合你。

假若你有機會找到一個大的發展平台，那些可以充分發揮你智慧以及才能的工作才是你適合的，所以應該盡可能選擇這樣的工作，比如，業務部門和開發部門等，對於財務或總務這樣的工作，你最好還是不要考慮了。

整體來說，O型白羊座的你，富有開拓者的精神和強烈的自主性。因此，自己獨立經營生意，並掌握一技之長才是你最好的選擇。

其次，如果達到學有專長，能夠做到一個自由的學者的高度，當然專家更好。一旦所有的天時地利人和都齊備，你一定能在工作中有所成就。

溫馨小提醒

工作變動在三十五歲以前，膽識要過人。在轉行之前，要經過再三的考慮再行動。有了努力的目標朝著目標不斷前進，才有可能獲得更大的成功。

社交技巧

O型白羊座的你性格活潑外向，待人誠懇熱情，屬於充滿活力的行動派，常常是大家關注的焦點。雖然你生性不太喜歡交際，但是你富有同情心、富有人情味，熱心助人，這讓你身邊的人都不自覺地依賴你。雖然你很少依賴別人，卻很喜歡被依賴的感覺。所以你在朋友圈中深受大家歡迎。

但有時你衝動的個性讓你有些魯莽，最好多聽聽朋友的意見。你隨和開朗的個性，讓你的工作搭檔很喜歡你，和你合作起來感覺很愉快。你享受成為眾人焦點的感覺，但有時收斂你的鋒芒，變得穩重一些，會得到更多人的理解。

溫馨小提醒

要想獲得更多人的理解，就要避免鋒芒畢露，變得沉穩一些。

財富密碼

O型白羊座的你賺錢積極，精力旺盛，因此工作收入總要比一般人高很多。但O型白羊座很難存下錢，因為這種人天性浪費。天性浪漫的O型白羊座會因一時衝動，買下一大堆中看不中用的廢物。所以總是積蓄不了太多的金錢。你並不是不懂得存錢的好處，而真的是心有餘而力不足。

你在金錢方面的另一個特徵是，能夠迅速掌握市場的動態，十分擅長投機性的事業，因此，這種短時間便能分出勝

敗，比如買賣股票，是最適合O型白羊座的。像這種短期能得到結果的事，憑著你敏銳的感覺，以及對市場情報資料掌握的程度，很快便能獲得收益。

中年之後，應該開始存錢，儘量改掉浪費的壞毛病。因為，你即將步入上有老下有小的壓力時期，要為突發事件做最充分的準備。你雖難有穩定的財富，但也不至於到經濟拮据的地步。

溫馨小提醒

年輕時不要吝於交際費，多交些朋友，他們會適時給你提供機遇，給你帶來財運。

戀愛攻略

由於O型白羊座的戀情大多經歷的時間考驗較短，一般都是在瞬間的激情下產生的，所以由愛情到發生性行為也是迅速驚人的。但是，O型白羊座的你，並不把愛情視為遊戲，只不過從愛的自覺到性的結合的過程比別人快樂一些而已。

當O型白羊座的你失戀時，也不會長期仍悶悶不樂。你也許會換個新髮型或大醉一場，然後一切便隨風而逝，畫下休止符。等傷心期結束了，你就會再次回到原來的生活中做自己該做的事。對待戀愛你「拿得起，放得下」，對於點燃了火花的愛情，你會傾注全部的精力投入到裡面，並期望得到好的結果。那種一拖數年的戀愛，和所謂細水長流的愛情長跑是不適合O型白羊座的，你最厭惡這種戀愛方式，即便是最短暫的邂

逅，你也希望完全地釋放感情，讓對方立刻察覺。

O型白羊座的你，會立刻展開行動，追逐你所喜歡的人。你的行為仍有一定的分寸，而不會採取唐突猛烈的方式，因此，對方對你的熱情會有感受而不覺得唐突。但當你嘗到失戀的苦果戀愛時，你會仔細觀察對方的心理變化和態度，並思考如何進行下一步行動，但由於充滿了激烈的情緒，所以，往往會使冷靜的估計有所偏差。

在你的觀念中，因愛而生的肌膚之親是理所當然的事。因此，你不會讓自己被一些世俗的觀念所左右，但是不是每個人都能接受這種特殊的想法及做法。因而，往往有些O型白羊座的女人被大眾誤認為是花蝴蝶。

O型白羊座的你，不是生性輕佻的人，也不是慾望特別強的人，由於你天性喜歡浪漫的氛圍，所以你比較重視和諧的氣氛和製造浪漫。對於有些人為了達到自己目標，不顧一切的行為，你會感到不屑。你在感情的表達上既積極又敏銳，常以熱烈的激情來影響對方的動向。

溫馨小提醒

儘量和對方多溝通，多商量，雙方達成一致，才更有利於愛情的長久。如果只是一味以自己的步調來進行事情，即使能戀愛成功也是短暫的。

婚姻家庭

大多數的O型白羊座的人，不分男女，通常容易由於一時的衝動而在二十歲左右的時候，做下終身的選擇，也往往是容易後悔的類型，在激情退卻之後更理性地審視對方，才發現對方存在你難以忍受的缺陷，悔之莫及。所以，O型白羊座的人因婚前認識不清而導致婚姻失敗的例子屢見不鮮。

因為，經過年輕時代的戀愛經驗後，你對異性的認識會愈來愈熟，這樣的婚姻才能永恆。所以，無論如何早婚對你來說是不利的，或許晚婚是比較適合的方式。畢竟，婚姻生活是現實的，是需要經得起時間的考驗的，兩個沒有經歷過考驗的年輕人憑藉一時的激情結合在一起，一旦朝夕相處，以前看不到的缺點就會一一顯現出來，進而原形畢露了。

O型白羊座，你屬於積極行動的類型，無論男女，有百分之九十五以上的人是自由戀愛而結婚的。經由相親方式結婚並不適合你。

O型白羊座的男性，有著強烈的事業心，而對於家庭的責任心自然就會被沖淡了。在生活作風方面，這類男人在婚後更會放縱自己在外面拈花惹草，因為你認為逢場作戲是免不了。但除非特殊情況，你還是有一定自制力的，你有分寸使自己絕不致沉迷其中，而破壞了家庭生活。由於O型白羊座的你，具有相當濃厚的社會性，所以家中出入的朋友特別多，家裡自然而然成為熱鬧的社會場合。

O型白羊座的女性，你會成為一名職業女性，一般不大過

問家庭事務，雖有扮演好主婦的例子，但卻是少之又少，因為你傾向外界的個性，使你不甘心在家裡做一個賢妻良母，你更加追求事業上的成功與社會的肯定。若是被家庭的枷鎖套牢了，你心中就會積怨很深。所以O型白羊座的女性，即使在結婚之後，多半也不願放棄追求實現自我價值的事業。

O型白羊座的你，在二十五歲之後到三十歲左右，就可以選擇理想的終身伴侶，但男性不是所謂的顧家型，女性也不是在家相夫教子型。因此，婚後雖能組織一個洋溢歡樂的大家庭，但不會是個和家人廝守在一起的大家庭。

你對待孩子通常是採取開明、說服性的教育方式，你不會過於嚴格也不會太過於溺愛孩子。

溫馨小提醒

在選擇伴侶的時候，要慎重選擇比你智力水準高或是相當的異性，如果和你結合的異性能力方面遠遠差於你，你們的生活將會不斷出現衝突。

最佳速配

O型白羊座的你喜歡一見鍾情開始的戀情。對於你來說，一旦你有了愛慕的人，讓你憋在心裡是很痛苦的一件事。你的戀情閃耀著激情的火花，但一旦開始之後，還需經歷長時間的考驗，否則草率的婚姻會給你帶來莫大的傷害。

你能夠在短時間內將情感全部傾出來，但也能夠拿得起、放得下，即使遭到拒絕也能夠快速地恢復活力。

O型白羊座的女生喜歡浪漫，在外貌上要求比較高。對待感情太直接，常常會讓人覺得有些輕浮。其實這只是她們表達愛情的方式。

雖然你喜歡熱烈的情感，但你不適合閃婚也不適合早婚，有一定情感基礎的婚姻，才能讓你幸福。

健康驛站

O型白羊座熱情豪放，大多喜歡喝酒，也很有可能酗酒。小酌幾杯無妨，但不要貪杯。要預防心臟、神經痛、腦部和腸胃方面的疾病。

適合你的休閒方式是慢跑、爬山、羽毛球、網球等有氧運動。感到壓力時不妨完全放下手頭的工作，到大自然中放鬆精神。當你苦惱時，朋友的安慰是莫大的鼓勵。

O型×金牛座

性格分析

充滿行動性和意志力的O型，在金牛座的細心及從容不迫配合下，往往使出渾身解數的幹勁，發揮及時煞車的作用。凡事不慌不忙便是你處世的態度。O型金牛座的你一般說來，特

徵就是做事從容不迫，任何事都能按部就班地去完成。金牛座的你不願意輕易改變自己的生活習慣，是一個喜歡按自己的人生哲學行事的人的人。固執己見是他最為突出的性格特點，而且也是他最為主要的缺點。

你是從容不迫的實踐者，遇事不驕不躁，既不想走在別人面前，也不會有依靠別人一步到達目的地的慾望。你認為與其冒著跌倒的危險領先別人，倒不如安全地抵達目的地。但這並不表示你缺乏行動的意念，也不是不想付諸實行，只是行動時過於謹慎所以行動就顯得遲緩，猶如老牛拉車一樣。

在別人看來，你們踏實、按部就班的這種個性常被誤以為是消極怠工和精神不振作，而性急的人在緊要關頭常常會為你們感到擔憂，你這種保守的行為模式，大可理解為「皇帝不急，急死太監」。這種老黃牛的性格，在事業方面，可能產生正反兩方面的作用。一方面由於今天社會節奏快，講求效率，而你由於判斷力遲緩，所以常錯失良機，往往吃虧的是你。然而你的耐心和毅力卻將為你贏得另一方面的運氣。

O型金牛座的你，毅力和耐心是你最大的優點所在，而一般人認為，當取得成功的基本條件存在之後，剩下的不外乎是運氣，運氣是強求所達不到的。既然如此，你成功的機率便由於運氣不佳而大打折扣。

O型金牛座的你，所缺乏的就是把握運氣的敏銳反應，這也是你最大的致命傷。因為運氣並不是與生俱來，天天都有。所以，這就要求你具有敏銳的思維，主動把握稍縱即逝的運氣，但是你缺乏把握時機的特徵，最終只能是白白錯失良機。

換一種說法來說，你用緩慢的步調，以耐心和毅力朝目標邁進，絕不半途而廢。O型金牛座的身上也絕不會出現因過於焦躁而做下錯誤的判斷。人生就像是一場賽跑，對於O型金牛來說，即使是落後，你也將盡力跑完全程，O型金牛座極富有運動家的精神，是那種即使是失敗也要堅持到底的類型。

溫馨小提醒

> 需當機立斷及行動迅速的職業不適合你的個性和行動模式，應儘量避免，從事這些職業與你的天性相悖，你將不易把工作做得完美無缺。

金牛運勢

O型金牛座沒有太大的運氣，但卻小運不斷。靠著自己誠穩踏實的「老黃牛」作風，O型金牛的你雖然在自己偏執的個性下，容易錯失良機。但也能夠積存豐厚的人生閱歷和財富。

隨著年齡的增長，金牛的運勢越旺。你適合投資不動產，喜歡將精力花在一定會有結果的投資上，感情也是，看起來沒有結果的事情，你是不願意耗費自己寶貴時間的。

你外表沉悶，但有的時候會做出驚人之舉，整體來說不會太離譜，因為O型金牛座的你有自己的主見。你對待婚姻十分謹慎，一般能夠擁有平凡但不缺乏幸福的婚姻。建議你勇敢去愛，如果懦弱可能讓你失去一生的最愛。你很有長輩緣，子女也十分孝順。在事業方面還需花更多的心思。

在事業方面還需花更多的心思。

職場命運

　　你是職場中的老好人，同事們遇到什麼技術上的難題會向你請教。情緒上的波動，心態的不平衡等也會找你傾訴。但你固執己見的個性也得罪了不少人，要學會圓融變通，處世靈活一點，不然你只能看著本該屬於你的機會從你眼前溜走，甚至被自己信任的人奪走。

　　要試著從別人的角度考慮，接納不同的意見。堅持你的信念固然是優點，但在達成的過程中可以做出相應地變通。

　　你很謙虛謹慎，但有時過度的謙虛顯得你很自卑。正確地評價自己對你來說很重要。

溫馨小提醒

堅持你的信念固然是優點，但也要學會適時地變通。

贏在職場

　　那麼，什麼樣的職業適合O型金牛座的你呢？簡單地說，需要毅力和耐性的工作是最適合的。對於流動性強、變化激烈以及需要敏捷果斷的工作，都跟你的性格相反，因為那種工作都需要八面玲瓏的性格。

O型金牛座的你，如果找到適合自己的工作，你就會充滿幹勁，全力以赴。所以，成功的機率較大。但是，如果工作性質不適合你，你就好像蝸牛一樣，行動更加緩慢了，總之，能否找到適合的工作，便成為你人生的轉振點。

在工作方面，O型金牛座屬於踏實穩重的類型，你在金融機構和財務部門是最適合的職員了，即使你的事業傾向是大器晚成型的，但是如果你有合適的工作，給你一片施展才華的天地，發揮你的才能，那你多半都會取得成功，或是在某一領域取得不錯的成就。

溫馨小提醒

> 不要看輕自己的能力，妄自菲薄，瞭解自己的才能所在，就是成功的開始。發揮金牛堅毅的個性，對於認定的工作要堅定不移地做下去，唯有埋頭苦幹才是成功的關鍵。

社交技巧

O型金牛座的你天生不擅長交際，但你溫柔敦厚的個性，讓大家十分信賴你。你遇到危急情況總能從容不迫，冷靜對待。加上，對待別人的要求你不懂得拒絕，即使你很難做到也會應承別人，有時會無形中給自己樹敵。

你的個性容易招致極端，讓喜歡你的人很喜歡你，討厭你的人很討厭你。你給別人的第一印象總是很好，但要真正交到

知心的朋友卻很難。一旦認定對方是你真正的朋友，你會對他忠心不二，直到對方背叛你為止。

多參加一些朋友聚會，多去一些社交場合，會開拓你的視野。千萬不要經常宅在家哦。

溫馨小提醒

多參與社交場合，鍛鍊社交技巧。

財富密碼

就血型來說，O型的你，並非與錢無緣。所以O型金牛座的你，財運可說是得天獨厚的。就占星術來說，金牛座在星象中是主宰金錢的星座，因此，你對於金錢會特別執著而且很有財富概念，也就是說你的這種個性意味著你的財運也會特別的好。

雖然你不屬於能在短期內賺進大把鈔票的人，但是，聰明的你，深知存下來的錢是最簡便也是最安全有效的賺錢方法，既不會減少又有利息可拿。

O型金牛座的你，由於你很懂得深謀遠慮、未雨綢繆，如果順利的話，到了中年就可擁有相當的財富，所以，旁人需要時時刻刻提醒你金錢的重要性。如果O型金牛座的你，一旦在金錢方面感到缺少，那一定是由O型投機性質較強所造成的結果。

O型的人或多或少都有些衝動的個性在裡面，即便是穩重踏實的金牛座也很難抹殺這種個性，所以，對於投資一定要慎重，偶然衝動下進行的投資事業，最終很有可能導致失敗的命運。

溫馨小提醒

世事難測，天有不測風雲，人生不會一帆風順，萬不可輕舉妄動，因貪戀一時之財，而釀成大錯。

戀愛攻略

O型金牛座你在日常生活中，雖然比較善於維持人際關係的協調性，但你並不是真正的擅長交際，當和異性發展到了某一深入程度的時候，你立刻會變得小心翼翼，因此，輕鬆自在的戀愛對你來說是不可能的。

金牛座中的女性大多屬於性格偏內向型的，在經濟上一般都比較獨立。這類人嫉妒心強，好攀比。然而一旦她確信得到了自己所鍾愛的人給予的愛，她會成為一個最忠心、最賢慧的妻子。

生辰星位在金牛座的男性能彌補她性格上的空白，儘管共同生活中難免會有些摩擦，但和諧的生活會使他得到精神上的平衡。

此型的你，一旦談起戀愛耐心就會遠遠超過一般人，一旦你認定目標，就準備好了愛情長跑的姿態，你會用足夠的耐心和時間來打基礎。雖然你經常感情很充沛，不太可能因為一時的衝動做出出軌的事。嚴格說來，正是由於你天生做事步調緩慢、小心謹慎，遇事也能及時收住腳步。

O型金牛座的你，因貪圖一時的快樂與異性發生關係這種

事絕對不會發生在你的身上。這倒不代表你會受所謂道德觀念的自我約束，而是因為你的個性。

O型金牛座的你，個性篤實認真，你的戀愛基本上是以結婚為前提，你可以把愛情維持的很長久，你追求天長地久的愛情。即使時明知彼此個性不合，但為了避免傷害對方的心，你也不會和對方提出分手，因為你本身就非常有耐性，你大都會忍耐到極限。

溫馨小提醒

在感情方面，如果未及時分手或是錯失了結合的良機，那麼你將很容易失去好運，而且不幸會一直延續下去。

婚姻家庭

O型金牛座的你，晚婚比較能掌握幸福，你不屬於早婚型，對待婚姻的態度也是要反覆權衡，考慮充分。金牛座的人喜歡根據對方的工作能力和家境作為選擇的主要條件，因為他所要求的妻子應該是能夠幫助他料理財政和具備承擔家庭生活壓力的能力。

你只希望婚後能組織一個平靜、溫暖的家庭，不追求刺激和變化大的生活方式，在這一切條件之中，你最應該找人測測配偶的生辰八字，也許有人會說這是迷信是不可信的，但是，有些你不瞭解的事最好還是不要持否定的態度，婚姻是一輩子的事，相信你也不願意在爭吵中過一輩子吧？

　　此型的你，屬於不輕易改變志向的類型，一旦你太早結婚，多會由於人生經驗尚淺，對異性缺乏足夠的鑑賞能力，太早結婚多半不會太幸福。對於誠實穩重的O型金牛座來說，一般不願意輕易改變所作的決定，在錯誤的婚姻中，他們也不太愛做出改變，因此很可能造成終生的遺憾。相反地，直到年華老去，遲遲沒有結婚，才暗自焦急，在這種情形下，也容易犯下和前面相同的過失。

　　在二十五歲之後，你一般會接受相親，這種類型因相親而結婚的例子不在少數，其實，這種方式不太適合你，因為你常常心腸柔軟，經常會因為別人的介入而失去自身的判斷力和主張，尤其是女性，容易在尚未瞭解對方之前便草率答應結婚，因此，適時的拒絕和切忌太過感性是非常必要的。

　　你應該相信自己的感知力和判斷力，對待婚姻可以以謹慎的態度來面對，但也不能一再地躊躇不前，面對到手的機會一定要抓住不能讓它輕易溜走。

　　O型金牛座的你，在夫妻生活的步調協調一致的前提下，才能保證婚姻生活的幸福。你們在保證夫妻大目標一致的前提下，儘管對事情的想法或是價值的判斷是或多或少有所不同，但是經過理性的溝通也一定能解決感情上的問題。如此一來，你們的婚姻將一步步走進理想的境界。你的婚姻目標是友好互愛、美滿幸福，在婚後，你會對對方忠貞，也不會鬧出花邊新聞。

　　如果此型的你和喜好刺激又性急的人結婚了，那麼一旦你們在漫長的婚姻生活中出現問題，一定要及時解決。否則，不斷地拖延問題只能使你們的感情變得更糟，更加無法收拾，最

終對雙方的感情形成莫大的傷害。

O型金牛座的你性格中具備內剛外柔的特點，你常在家庭生活中表現出頑固、不妥協的個性，這一點常常造成夫妻間的不和睦。以你O型金牛座的性格來說，你認為的幸福就是擁有一個溫馨而快樂的家。

但是，特別需要提醒的是，O型金牛座的女性，很難做到家庭，事業兼顧，妥善處理兩方面的和諧與平衡，面面俱到。如果有必要借助工作來減輕家庭經濟負擔，最好的辦法是選擇家庭中的副業去做。

溫馨小提醒

> 面對感情中出現的問題，你們很容易保持長時間的對立，感情的裂痕很難彌補。因此應儘量避免衝突的發生，儘量把問題控制在萌芽階段，多做溝通與交流。

最佳速配

O型金牛座的你對待愛情、婚姻十分保守，相對於自由戀愛來說，相親更加適合你。因為你的任何戀情的開展都會以結婚為目的。

起初你不會輕易地袒露自己的真心，但經過一段時間的交往後，你確定對方的心意後，就會全身心的投入。巨蟹座、天蠍座、雙魚座是最適合你的星座。

你屬於外表冷漠，但內心富有火熱激情的人，你的另一半

會感受到你的濃濃愛意，因此，你能收穫較為美滿的愛情。

O型金牛座女性，在婚後會成為賢妻良母，但也要有自己的事業。局限於自己的小家庭是很容易帶來不和諧因素的。

健康驛站

O型金牛座穩重踏實，但有時也應該釋放內心的激情，和同事、朋友一起去狂歡，釋放所有的壓力和不快，放鬆了自己。也會讓朋友更加瞭解你，增進與朋友的感情。

在健康上要注意喉嚨、腎臟、甲狀腺、卵巢等方面的疾病，尤其是喉嚨方面的疾病。身體不適時要及時治療，但也不要過度依賴藥物。最關鍵的是調整作息規律，飲食清淡。

去學學插花，上上廚藝班，學習繪畫或者舞蹈，都是很適合你的休閒方式。外出旅行的話，人多的熱門景點不是你明智的選擇，最好的是幽靜的小山莊、小鎮，清新的空氣、清幽的環境能讓你靜靜地思索或者閱讀。

O型×雙子座

性格分析

O型雙子座的你，從性格方面來說，簡單地可以說是多面

行動型，雙子座的多面性和 O 型的行動性相結合，形成你開朗、活潑的個性。

此類型的你，存在著兩種性格，一個好動，一個安靜，懦弱和逞強同時存在你的內心中，可以說是兩個極端並存於一個人，而恰好你很容易被這種情況所迷惑，這種矛盾甚至分裂的性格，會使你在作重要決定的時候猶豫不決。結果，所下的決定一般來說都是很草率的。

O 型雙子座的你，求知欲和好奇心都很強，興趣愛好更是廣泛，加上你活潑的個性，只要對一件事物產生興趣，立刻就會展開行動。同時研究二、三件事物，對你來說很平常，當然，主要還是你具有博學多才的條件。

因為具備這種獨特的雙面性格，O 型雙子座常常會做出腳踏兩條船的事，同時追逐兩個目標對於他們來說一點也不稀奇，自然而然他們的精力就會因此而分散。由於本身就已經很混亂，在這種情況下再要做出準確的選擇，想必是更加困難。

本來，O 型的氣質同雙子座的個性之間存在著很多共通點，一旦兩者融合，這種共通點就會顯得更加明顯與強烈。但是，此型的你，對於事情的熱情不會持續很久，屬於熱得快、涼得也快的類型，對很多事情的熱情也只有三分鐘熱度。一旦熱情退卻，你就會把事情忘得乾乾淨淨，對於原來的不滿或是怨氣也都一掃而光，大咧咧的，什麼事情都不願意深入研究。因此，你的這種性格在別人看來，他們會以為你對於很多事情都是略知一二，但卻不見得有一樣是精通的。

O 型雙子座的你，在對於流動資訊的捕捉方面相當敏捷，

你接受新知識比一般人快，掌握情報也是先於他人。雖然你博學多才，但是大多時候你的論點雖多但見解都不夠深刻精闢。所以，O型雙子座的你，外在表現是爽朗、不拘小節、個性開朗，但是你的缺點就在於你缺乏持久力與意志力。

舉例而言，在處理事情的過程中，你的目標是很明確的，但是當實施起來的時候，你就很容易被臨時的困難所嚇倒，一蹶不振，或者是處理問題的時候馬馬虎虎，不夠仔細。這樣的你很容易因為細節而與成功擦肩而過，這便是你性格上的缺陷。

O型雙子座的你，想法、做事都非常靈活，具有通融性，在任何環境中你都能適應。由於你才能出眾，因而，處理突發情況的時候你比別人敏銳，反應速度也比一般人快，所以也容易招致嫉妒，因此，你張揚的個性經常會遭到別人的不滿。

溫馨小提醒

最大的優勢在於知識累積豐富，興趣愛好廣泛。缺點也與此相關，瞭解的廣泛而思考的不夠深入，容易敷衍了事和半途而廢，這是你行動時的最大阻力。

雙子運勢

一生當中，O型雙子會遇到大大小小的波折，並不是一帆風順。但會有朋友、親人的鼎力相助，可以化解危機，中晚年運勢逐漸轉好。

O型雙子座的典型性格特點是雙重性格，即能隨機應變，

又能順應環境的變化。在本職工作之外，還能從事副業，不斷累積財富。你的財運較為波折，一生會小有積蓄，從不會為錢發愁。你為人大方，出手闊綽，讓別人感受到你的義氣，交到更多的朋友。

O型雙子座的女性婚後不是一個稱職的家庭主婦，仍會有自己的事業。建議將中心稍稍向家庭偏移一點。

溫馨小提醒

O型雙子座女性的你，最好將家庭、事業兼顧。

職場命運

O型雙子座的你具有協調一切事務的能力，思維敏捷、反應迅速，你不喜歡受約束、受制約，所以不太適合規律的朝九晚五的工作。

你是天生的勞碌命，許多事情你都事必躬親。有時因壓力過大，會帶來工作上的重大失誤。你必須以一顆放鬆的心態來面對工作，這才能讓你充分發揮你的能力。

你擅長協調各方面關係，和同事在工作上的合作會很順利，但為人較為刻薄，說話不太講究技巧，常常會得罪同事。但你活潑開朗的個性會有一定的彌補。

溫馨小提醒

多多鍛鍊你的交際口才，在職場中會更受歡迎。

贏在職場

才藝雙全的你，具備了廣泛的知識及敏捷的行動力，最適合富於變化的職業，O型雙子，完全具備處理一切突發狀況的才能，而且行動敏捷、機智，對於你來說，一切需要判斷能力與應對能力的工作都會處理得遊刃有餘，如魚得水般輕鬆自在，隨著經歷的豐富，終有一日能會取得成功。有了這樣的優秀條件，你無論從事任何行業，生活都不至於發生困難。

但是單獨憑藉這些條件想要獲得成功，也是比較困難的。儘管你具備很棒的運氣，但是獲取成功的三大要素包括努力、耐性和運氣，而多才多藝的你偏偏缺少三大因素中的努力及耐性，要知道運氣可是最不可靠的東西。所以，O型雙子座的你，要想在事業上取得成功，就一定要要從細節做起，在平時的生活和工作中，努力培養自己的耐性和毅力，只有踏踏實實地將工作基礎打牢，才能成就一番偉業。

溫馨小提醒

不要常立志，應該立長志，而且你最好在三十歲之前堅定自己的目標，一旦確立目標之後就不要輕易改變，即使遇到再大的困難也要逆風而上，這便是你成功的要訣。

社交技巧

你活潑開朗的個性往往會給大家留下很好的第一印象，你是典型的「刀子嘴，豆腐心」，往往嘴上不饒人，但心地卻很善良。你的「毒舌」會讓你得罪不少人，若不改變說話方式，可能會民心盡失。

在聚會中你常常是組織者，從約見朋友到最後聚會結束，你都扮演著重要角色。雙子座是坐不住的那種類型，在週末時待在家裡會讓他們覺得很悶，常常和朋友聚會或外出遊玩。

在個性上O型雙子座的你容易鑽牛角尖，喜歡和別人爭論，你很難向對方認輸，即使已經爭論輸了，嘴上絕不承認。

你容易陷入辦公室戀情，與其遮遮掩掩招來流言蜚語，不如大大方方地承認，這會為你的戀情加分不少。

溫馨小提醒

說話動聽些，大家更容易懂你的善良。

財富密碼

O型雙子座的你，缺乏耐性的特點不僅表現在工作上也同時體現在金錢方面。O型雙子座的你，可以充分發揮運用你多方面的才能，經營多項副業。但是，要切記的是，在經營副業的同時，千萬能拋棄本行，把副業所賺的錢積蓄起來，到了中年才能擁有某種程度的財富，並且還保有一份你原來正常的職業，這也算是一份成功。

在賺錢的方式上，即使有了完整的計劃和方案，你也很難一直貫徹執行下去，O型雙子座的顯著性格如果太突出，那麼你在實際生活和行動中仍不免會遭到失敗。大致來說，你不適合獨立經營某種生意，但卻適合跟別人合夥。因此，你若是選擇經商致富，那麼選擇好合作夥伴對你來說是非常重要的事。

同樣的道理，一旦你儲蓄金錢達到了一定的數目，就開始動搖決心了，這個時候你會盤算著用這筆錢盡情享受一番。所以，你的存錢進程和一般人不一樣，不但不會使存款急速增加，反而會使存款數目在增減之間徘徊。

溫馨小提醒

你不適宜經營投機性的副業，最好能避免，如果執意要那麼做，那就請準備好足夠的錢並在心理上做好接受失敗的準備。

戀愛攻略

O型雙子座的你，善於展現自己的才能，這一特點將使你身邊圍繞很多異性，但由於你善於冷靜地控制自己的感情，即使不乏異性的愛慕，你也不會頭腦發昏，隨便陷入愛情的漩渦。

這種個性的你在年輕的時候和異性交往的態度大都是非常自由、明朗的。戀愛時也能保持冷靜，不至於熱衷到放棄一切，反而會平靜地處理一切，儘管如此，你對愛情還是有著強烈的願望，只是你不會表現得過於激烈，對於戀愛的態度，你

能很好地掌握火候。

　　即使處於熱戀之中，你也不會衝動，能夠平心靜氣地把對方的一切看得清楚，猶如水晶球一般，明白地顯示出雙方的個性，這樣的相處、方式，並不會帶來日後的痛苦。

　　但是，你談戀愛時，常會表現出忽冷忽熱的態度，讓人摸不清你的情緒，這是因為兼具兩個自我的極端個性時刻處在此消彼長的變化中，於是產生一時像熱情地燃燒，一時又冷靜地結束的情形。這種善變的心理，常使你同時愛上兩個人，這並非代表O型雙子座的你用情不專，只是內心存在的本性在作祟罷了。

　　在你年輕的時候，由於情緒多變，因此很難獲得成功的戀愛，冷靜的態度使你不會迷迷糊糊地愛上一個人，即使你和對方發生了性關係，你仍能不動聲色，把對方當普通朋友看待。這種戀愛方式，為你避免了很多日後的糾纏不清和麻煩。此型的你，如果在年輕時候找到一位情投意合的對象，大多會用一生去愛對方，這份愛也會保持很長久。

　　對你來說，你最重視的是雙方的想法及對事物的價值觀能否相一致，如此相處在一起，便不會感覺無趣了。對O型雙子座的你來說，戀愛是一種頗具意義的體驗。

溫馨小提醒

不要在年輕的時候對異性抱著隨便玩玩的態度，認真對待感情，仔細挑選對象是你戀愛成功的關鍵。

婚姻家庭

O型雙子座的你，判斷力和理解力都比較強，很難做出愚蠢不自知的行為，O型雙子座的你自我觀念極強，特別瞭解人類的自私心理。因此，在你選擇另一半的時候，十分挑剔嚴格。你會仔細思量對方的各種條件，例如，經濟能力，外表的吸引力、內在美等，諸如此類，O型雙子座的你在婚前都會有一番詳細的分析。

什麼人適合做伴侶，什麼人適合做情人，你是了然於胸的。你總不忘以冷靜的頭腦來衡量對方，即使你因戀愛而結婚，也不會在熱戀期間對對方盲目地愛慕和寵愛。

O型雙子座的你，選擇婚姻對象的時候，是熟悉對方的身世及背景，看清對方的性格及態度，彼此十分瞭解了之後才心甘情願地和對方攜手步入禮堂，相伴一世。你用理性的思考和冷靜的頭腦捍衛自己的婚姻堡壘，即使這樣的婚姻在外人看來是缺乏熱情，富有戲劇性的，但是，卻往往能夠順利地維持很久。婚後，你們的婚姻生活很和諧，你會盡力組織一個開放、明朗的家庭。因此，在O型雙子座的人身上很難找到婚姻失敗的例子。

但是，在人生體驗不足的時期，只因年輕時剎那間的激情而結婚，或者因被對方的熱情所迷惑而結婚，這種過程雖然充滿了戲劇性，但如此的婚姻形態往往也潛伏了危險性。因為，熱情會逐漸冷卻，一旦熱情降到了冰點時，一切便來不及了，也就是說，對方的酒窩，現在看在眼中倒成了黑斑，結果世界

上便又多了一對怨偶。

　　為了不使婚姻因為瞭解不夠而導致失敗，你在二十五歲以前，對於婚姻還是多加考慮為妙。

避免悔恨的最好辦法是慎思敏行。

最佳速配

　　雙子座、天秤座和水瓶座是和O型雙子座最速配的三個星座。O型雙子座大多和這幾個星座性格最相投，最談得來。

　　你在感情方面比較早熟，在初中階段即會陷入一段戀情，但因年紀尚小，你雖很早開始戀情，但最後想要修成正果卻比較難。

　　O型雙子座女性的你比較適合成熟穩重的，年長一些的，會體貼人的異性。你雖然很容易開始一段新的戀情，在婚姻上還是需要經過時間的考驗。你不太適合早婚，25~30歲結婚較為適合，姐弟戀也不要輕易嘗試。

健康驛站

　　O型雙子座的你，外表看起來活力十足，但卻天生體質不佳。你不大能承受起體力勞動強度較強的工作。因為你體質的原因，加上神經有點過敏，容易將小事掛在心上，所以很容易引起神經衰弱等精神上的毛病。關鍵是你要有充足的睡眠，適宜的休息，不然容易受疾病的困擾。

對於你來說，保證健康的體質，最重要的是心情上的愉悅。要經常為自己找開心，不要將煩惱事掛心頭，經常和朋友接觸，和大自然接觸，保持開朗的心境。

O型×巨蟹座

性格分析

你是一個典型的熱愛生活的人，你的想法現實絕對不會與生活脫節，你的感情豐富，不流於空洞的理想主義，這或許是由於O型氣質的緣故，所以O型巨蟹座的你傾向於實利主義。O型巨蟹座的你，具有強烈的惻隱之心而且感受性特別敏銳，對於敵我分得很清楚，O型巨蟹座的你不經意地總是尋求保護，這是與生俱來的特性。

在現實生活中，你具有居家的現實生活能力和適應能力，你始終保持著價值觀與行為準則的一致性，對於現實情況你絕不會反抗，換句話說，一旦你所處的現實生活情況發生改變，你也會很快隨之做出調整。反過來說，如果現實狀況不發生改變，你也沒有主動改變現狀的想法。

總之，O型巨蟹座的你，絕對不會因環境產生變化而感無所適從。你會不斷尋找一個可遵循的典範，或者是發揮你的才

智向智慧團體靠攏。一般說來，這一星座的人很容易贏得他人的支持和好感，具備強大的對奇異事物的感知能力，而且相信機遇，實際如此，幸福之神也常常眷顧你。

O型巨蟹座的你，不輕易改變傳統的世俗的觀念和生活形態，這種生存方法看起來很保守，儘管在現實生活中它已表現得很不適用，你仍不願做出改變。

一般而言，O型巨蟹座的你，對於事物的價值觀和實際生活的態度都很保守，即使有時你的思想會有所轉變，但你仍不會趨附潮流，走在時代的前端。

在社會生活中，你很在意自己勢力範圍的界限，對於自己的許可權劃分得一清二楚，你在潛意識裡把自己的生活領域規劃出來，並且討厭別人闖入自己的生活領域中。

你能夠把自己勢力範圍內的親友照顧得相當周到，但是與你無關的人，你常常顯得很冷淡，吝嗇自己的感情。因此，O型巨蟹座的你，在待人接物過程中常把關係劃分得很明確，並能夠以不同的態度來面對他們。

溫馨小提醒

固執己見，是你人際關係失敗的主要原因，應努力從自身找問題，積極聽取他人意見。

巨蟹運勢

一生極不穩定，戲劇性較強，可能一夜富貴，也可能頃刻名聲盡毀。在少年以前過得極為坎坷，但後來運勢漸佳。一生

中坎坷的經歷，都被Ｏ型巨蟹座生來的樂觀個性和堅韌品質所克服。晚年有子孫福，之前所做的努力在晚年都會有所回報。

Ｏ型巨蟹座的你擅長交際，很講義氣，所以擁有極好的朋友運。朋友中多大富大貴的人，這些人無論在生活中還是事業上都會給予你很大的說明，給你的人生帶來好運。所以你不要吝嗇交際上的花費。

你的結婚對象是自己的同學、同事或朋友，起初物質生活並不豐富，但你們很有長輩緣，在長輩的扶助下漸入佳境。你可能會有金錢的糾紛，在處理金錢問題上，最好謹慎一些。

溫馨小提醒

認真地生活，是穩定運勢的關鍵。

職場命運

Ｏ型巨蟹座的你具有很強的適應能力和學習能力，無論在任何工作崗位都能得到同事的認同和領導的讚賞。你天生性格溫和並且樂於助人，總能贏得大家的信賴。但因為你有極強的好奇心，說話不講究方式，所以在隱私方面可能會傷害別人。

你擅長人際交往，但也因為在人際上的紕漏給自己帶來很大的麻煩。因為有時你看人的能力不夠強，喜歡憑藉第一印象來判斷人，如果能克服這方面的缺點，你將在職場中洞察人際交往的規律，使自己在職場中更加得心應手。

溫馨小提醒

性格是把雙刃劍，學會平衡。

贏在職場

O型巨蟹座的你，對於任何環境的通融性和適應性都很強，因此你的職業適應範圍比較廣，換句話說，你能勝任一切類型的工作，前提是你用心去做。但是這並不意味著你的成功機率很大。

根據占星術分析，巨蟹座的你較適合與現實生活密切相關的行業，比如有關衣、食、住的職業。就你的性格來說，你可以充分發揮巨蟹座對事物的適應性，一展雄才，這些職業是最適合不過的了。換句話說，你對脫離現實的學術研究工作不感興趣，在這些方面很難獲得成功，如果在企業中，你最適合的職位就是總務和會計。

這種類型的你，人際關係處理不當是工作上最不利的因素，因為，你對人對事只憑初次印象來判斷，缺乏知人之明的洞察力，結果往往有偏差，再者，你對事情的看法，往往由於過分注重實際而變成眼光短淺而毫無遠見的人。儘量避免這些缺點，便能促使你朝著成功邁出更近的一步。

O型巨蟹座的你，天資聰穎，加上後天的不斷努力，成功便是指日可待的事情。但是，在成功之後，人際關係的培養顯得尤為重要，在你中年之前要避免樹敵太多，因此，你應儘量

待人敦厚謙和，要謹記，當時結下的怨恨會成為你日後成功的絆腳石。

知人之明的洞察力，是你成功的首要條件。切莫凡事都爭先，退居其次也沒什麼不好。

社交技巧

O型巨蟹座的你，感情比較細膩，天生樂善好施，這讓大家很喜歡你。但你的個性比較保守，交際圈子相對要窄一些，朋友大多是自己的同事、同學，你喜歡固守在自己的小圈子裡自得其樂。

對自己圈子裡的朋友相當仁慈、善解人意。但對不屬於自己圈子的陌生人，就十分冷淡，吝嗇付出自己的感情。你對待人際關係敵我分明的態度，會讓你十分吃虧。

你的感覺十分敏銳，對藝術比較有天賦，而且自己也有不少藝術圈的朋友，建議你以自己興趣圈為基礎，有意識地拓展自己的朋友圈，你會發現自己的生活會更加豐富多彩。

多結交有共同興趣愛好的朋友，你的社交會更加豐富多彩。

財富密碼

O型巨蟹座的你，天生對不動產有非常好的控制力，你對金錢有敏銳的感知力，只要是運用正當方法依靠自己的意志運用金錢，便不會失敗。此型的你，對於儲蓄很擅長，儘管你屬於儲蓄型，但也可以理解為你不是會儲蓄金錢而是會運用金錢，你常常能使金錢有如滾雪球一般愈來愈多。

然而過分信賴別人，甚至委託別人幫你對金錢進行利用和管理，這常常造成你在金錢方面的缺口，因為你對於錢財具有強烈的洞察力，而別人卻不一定有此能力。可以簡單地說，假如你在金錢上有了損失，一定是中途有人介入。

如果你能知人善任，多分析自己並分享別人的經驗，如此當你年老之後，你的事業一定會有所成就。你不太適宜投機性的事業，因此，除非你很瞭解，否則最好少碰為妙。假如，你要做某一方面的投資，一定要在之前做好充分的準備，先認真分析自己手中的資料，這樣才會增加自己的勝算。

溫馨小提醒

你多是因為貪心導致自己上當受騙，請務必記住，甜言蜜語背後也許就是陷阱。

戀愛攻略

O型巨蟹座的你，儘管在戀愛的時候是熱情洋溢，但是卻表現得不夠明朗。因此，你在戀愛時，不會把行動明顯表露在

外。一旦投入感情中，你會變得比平日更為謹慎。你在對方態度尚未明朗化之前，總是刻意地保持一般距離，盡情表面上熱情洋溢，卻也不會輕易墜入情網，這情形對O型巨蟹座的女性來說尤其明顯，經過一段時間，雙方已陷入熱戀中，接下來的發展便極為自然了。此型的你，發生婚外情的可能性很大。

O型巨蟹座的你，你不是那種在短期內散發所有感情的激情派，你最喜歡的方式是慢慢用深情來拴住對方的心。你會對你的情人無微不至，直到對方感到你的愛讓他很有壓迫感，這是典型的溫柔陷阱方式，一旦其他型的人和你相遇了，就難免為情所困了。此型的你，具有強烈的佔有欲，對於自己的伴侶，絕不容許他對其他異性表現出關愛，在這一點上，你不僅如此要求對方，對於自己也是同樣嚴格要求。

你的戀愛特徵就是對於自己關愛的人會顯露出無比堅毅的恆心。你雖擁有持續性的熱情，但是，別人往往很難忍受你強烈的佔有欲和猜忌心，因此分手的例子也很多。一旦分手，你也會哭哭啼啼，難捨難分，因為你總是依戀雙方曾經有過的親密關係，這可以看成是對感情本身的執著，但是就客觀的分析而言，這種藕斷絲連的曖昧關係，對雙方都不好。

溫馨小提醒

「長痛不如短痛」，「強摘的瓜不甜」如果已經沒有交往下去的必要，那麼就快速做出決定，免得讓自己痛苦。

婚姻家庭

O型巨蟹座的你，是一個喜歡順從和充滿溫情的人，你有強烈的尋求安定環境的觀念，在家庭中，而這種觀念可以表現為愛護家庭的顧家型，而出現在婚姻上，就會有為家而結婚的妥協型婚姻。

O型巨蟹座的你，因相親而結婚的機率非常大，就現代的眼光來看，這樣的想法未免過於古板了。然而你卻堅持著這個原則，無論是相親結婚，或是自由戀愛結婚，你把結婚看成是戀愛的最終目的。懷著這樣的想法結婚，你在家庭生活中一定會更加努力與配合。

如果過了適婚年齡還沒有找到合適的配偶，你和普通人一樣，會表現得很焦慮，一方面你本身渴望穩定的愛情，加上親朋好友給你施加的壓力，因此，你往往草率了事和並不十分滿意的對象結合。對你來說，離婚是一生中最大的損失，就意味著要放棄辛苦建立起來的家庭，因此，O型巨蟹座的你即使在婚姻中充滿不快，也不輕言離婚。

O型巨蟹座的你，具有濃厚的家庭主義，由於O型外向氣質的緣故，所以善於為家庭製造開朗的氣氛。儘管你的想法是傳統的保守派，但是你的家庭氛圍卻是輕鬆、活潑，你在家庭中扮演者調節氣氛的角色。你把溫馨甜蜜的家庭，作為自我中心的精神堡壘，而你自己則是這座城堡的主人。

根據占星術來說，巨蟹座的女性屬於賢妻良母型，你在理家方面比較擅長，往往能把家庭事務料理得井井有條。O型巨

蟹座的你，辛辛苦苦營造溫暖的家庭氛圍，你常常是別人羨慕的對象，而你的家庭也是別人眼中的模範家庭。

溫馨小提醒

在選擇對象的時候，不要過分看重對方的外在條件，儘量多關注內在的品格。人品是第一位的，至於其他的條件不妨稍微妥協一下。

最佳速配

和巨蟹座最為搭配的星座是巨蟹座、天蠍座、雙魚座，O性巨蟹座和這些星座有共同話題，並且志趣相投。

O型巨蟹座喜歡事業成功又能兼顧家庭的異性，所以容易陷入婚外情。但當你確定你們的感情沒有結果時，你會迅速從「不倫戀」中脫身。你喜歡細水長流式的戀情，你容易深陷戀情中難以自拔，所以一旦愛上就難免為情所困。

婚後的O型巨蟹座女生是典型的賢妻良母，重心全部轉移到了家人身上，會料理好家裡所有的事務，讓丈夫沒有後顧之憂。但沉溺於家庭瑣事中的你，同時容易與社會脫節，與丈夫沒有了共同話題，漸漸使你的婚姻陷入危機。所以，無論怎樣熱愛自己的家人，也沒有必要以畢生的心血去經營，你還需要有一份自己的事業，有自己的朋友圈。

健康驛站

O型巨蟹座的人大多熱愛美食，自己也擅長烹飪美食，對任何美食都沒有抵抗力。這就使你容易暴飲暴食，常會有肥胖

的困擾和腸胃、消化系統的毛病。如果不控制自己對美食的慾望，健康會有很大隱患。

　　適合你的休閒方式適合家人在一起，即使是在一起談談心，看看電視，也會讓你獲得精神上的愉悅。外出的話，和家人一起去釣釣魚、打打球，這會讓你真正放輕鬆。

O型×獅子座

性格分析

　　O型獅子座的你，活力十足，眼界開闊，在性格上最大的特點便是具有旺盛的行動力，一旦遇到阻礙，你會立刻改變方向，而不是停留在原地思考或是懊惱，明智的你會離開他，開拓一片天空。

　　不拘小節，心胸開闊，正是O型獅子座的你擁有的魅力。你不但不會計較部屬的過失，而且會巧妙地讓部屬自行反省，若是身旁有意志消沉的人，你便會以天生爽朗活潑的個性來溶化對方，這也是作為一個領袖應有的胸襟和氣度，所以你的人緣非常好。

　　由於你的心中充滿活力，你在行動的時候也不忘為自己做宣傳，這種過分自豪的態度，表現在行動上時，就會引起周圍

人的厭惡。所幸，O型的氣質能很好地幫你控制獅子座裡過分自信的成分，O型獅子座的你，有時因為不注意會用強迫的態度向別人表示善意，不過你的出發點是好的，所以你那種略帶強迫的態度，也容易令對方忽略，這也可說是O型獅子座另外一種魅力所在。

O型獅子座的你，就像一株永遠朝陽的向日葵，無論何時何地，都無法削弱你的進取心。這種進取精神，會催促著你無論別人說什麼，儘量不聽。隨著社會地位的升遷，你很有可能變得自滿、驕傲，甚至成為目中無人的獨裁專制的情形。此型的你，把世間看做是自己一個人的大舞台，擅自演著獨角戲，你這種旁若無人的態度，經常會使周圍的人不滿。

無論何時你都有戲劇化的人生，你無法忍受生活的灰暗和行動遲緩的人生。你認為，如果你的虛榮心得不到滿足，那活著還有什麼意思。從氣質上來說，O型獅子座可稱得上是烈焰型，再加上O型積極的行動性，這兩種性格碰在一起，就有猶如火上加油，在這種組合下的O型獅子座，熱情有勁的你，經常會有路見不平，拔刀相助的行動。具有「赴湯蹈火，在所不辭」、「雖千萬人吾往矣」的勇氣。如果對方想吸引誰的話，那麼最富挑戰性的對象，這是O型獅子座的你。

溫馨小提醒

切忌一定要改掉性格中囂張和自傲的特性，否則，著很容易使人對你的善意產生誤解。

134

獅子運勢

O型獅子的運勢較強，因為天生的領導才能，在年輕時就能達到較高地位。在任何場合，都能發揮自己的領導才能。

O型獅子還擁有極強的朋友運，能夠結交許多良師益友，在人生道路上給予及時的指引，並在關鍵時候能幫助你走上領導崗位。但缺點是名利心太重，將名利看做自己畢生追求的目標，不達目的很難甘休。因此，你在一些重大抉擇上常常會犯錯。貪圖榮華富貴，貪念榮譽成就，這可能會給你招來橫禍。

你和父母的感情淡薄，年少時的叛逆深深地傷了父母的心，經過時間的洗禮，和父母的關係才慢慢轉好。你的適婚對象是沒有太大野心，感情較為冷淡的人。

溫馨小提醒

把名利看淡一點，把感情看重一點。

職場命運

O型獅子座的你天生具有貴族氣質和縱橫天下的霸氣，無論在什麼場合，你都散發出耀眼的光芒，職場更是你表現自己的絕佳舞台。你會不自覺地顯現出領導氣質，並且讓大家服從你的指揮。

你擁有很強烈的責任心，屬於工作狂的類型，只有在努力地工作才能讓你有歸屬感。你有擁有很強的組織能力和耐力，是天生的管理者。你對待同事像家人一樣，對待上級像兄弟一

樣。但你有的時候過於獨斷專行，會忽略他人的意見，這常常讓你成為眾矢之的。要記住多聽取他人的意見，這也是一種領導藝術哦。

當你還沒走上領導崗位時，因為你不服輸的個性，常常和上司起衝突，變成同事不喜歡，上司不待見的人。雖然你很有實力，而且心性不安定，容易受誘惑。最好不要從事副業，這樣會分散你的注意力，應將注意力投入到一份固定的職業，才能在職場更加一帆風順。

溫馨小提醒

多聽取他人的意見，在領導崗位上會坐得更穩。

贏在職場

對於O型獅子座的你，假如想讓你出色的領導能力得到最大限度的展示，一個企業的創業者或是教師可以作為你的最好的選擇，應該算是合適不過了。

如果你認為這些工作都沒太大意思，放開一切，畫家、設計師就是你獨一無二的選擇，因為在從事這一類工作的時候你不會感到受約束，能體會到充分的自由感。

O型獅子座的你自身具有與生俱來的藝術氣質，假如從事和文藝相關的工作，必能愉快的勝任。具有很強的自我表現欲，懂得享受生活中的華麗色彩，所以O型獅子座的你適合社會中出現的新興行業，普通的生活和一成不變的工作是不適合O型獅子的，最好能做歌手、模特兒、演員諸如此類的職業。

上述的這些工作都能吸引別人的目光，使O型獅子座的你，能夠感覺到時刻被人關注的樂趣。

不管怎樣，你的運氣遠大於一般人，只要你的精力足夠多，不吝惜你自身的旺盛精力，你從事任何職業成功的算數都是很大的。作為O型獅子座的你，天生是個喜歡討好周圍，賣弄交際手腕的人，假如你過於表現自己招致周圍人的嫉妒，那麼你很容易就會被人群孤立，變得孤立無援。

溫馨小提醒

> 在團體中的時候，你應該時刻提醒自己不要過於表現自我，以免被人群孤立。

社交技巧

O型獅子座的你屬於精力旺盛的行動派，渾身充滿了活力，感染你身邊的人也變得陽光起來。你熱心助人，擅長在眾人面前表現自己的優點，因此大家都很喜歡你。

但你有的時候顯得有些急躁，固執己見，不容許有人扯你後腿。你的虛榮心較強，喜歡聽阿諛奉承的話，這是你的致命缺點。若能注意和改正，你的能力更能得到充分發揮。

你的個性活潑開朗，你身上的陽光魅力和領導才幹，征服了很多人，但有時你以一種命令的方式表達你的善意，這容易引起別人的誤解。

忠言逆耳，學會聽取不同的意見。善意若表現不當就成了惡意，所以要注意表達方式。

財富密碼

O型獅子座的你，財運旺，一般情況下輕而易舉的便能財源滾滾，運氣好得是擋也擋不住。要想獲得不錯的財運，良好的人品和人緣是非常重要的。因為如果要發展，在你籌措資金的最初階段是離不開朋友的幫助。

由於受到獅子座氣質的影響，你不懂得如何珍惜你的運氣，這就要求你將O型血的敏捷及冷靜的行動力運用出來，這樣將挽留住你的好運氣，不至於使它白白溜走了。整體來說，當有好運氣出現了，如果沒能及時把握，等到運氣白白流失時，也許會陷入十分窮困的境地，如果仗著自己的有好運氣而深陷於賭博中，可能會使自己陷入無底洞，一旦陷入在裡面就很難再抽身了。

作為O型獅子座的你，你沒有明確的儲蓄觀念，所賺得的錢也會很快花光。你是那種即使借錢也要自己玩得開心的人，你不會有壓力感，會透過拼命賺錢來彌補虧空，一旦手裡有閒錢了，你就會不由自主地大手大腳起來。金錢對你來說沒有特別實際的意義，它只是滿足你慾望和獲取快樂的工具。

溫馨小提醒

儲蓄的習慣雖然看起來不夠有魄力，但是卻是實實在在的積蓄的手段，如果總是大手大腳的，絲毫不懂得節約用錢，成為富豪將待些時日。要想賺大錢，就要好好珍惜小錢。

戀愛攻略

　　O型獅子座的你，總是把人生比作一場戲，你老是想要演好這場戲。你的戀愛，充滿了積極和快樂，生活中滿是絢爛美麗的色彩。在適合你的角色和舞台上，你認真揮灑著自己的青春才華。可以說你的愛情猶如一場戲劇，當戲劇化的你墜入愛河時，你就像電影中的主角一樣，沉醉在某種情緒中，久久不能自拔，並享受其中。

　　如果你性格中的O型氣質較強，那麼你能夠在激情達到一定高度的時候讓自己暫停下來，靜下心來展望雙方的未來。談戀愛享受於富於浪漫氣氛的場所，如果談情說愛是在這些地方，你才能從對方含情脈脈的眼神中，享受幸福的感覺，感受到愛情的喜悅。即使你在戀愛時，也不會是謙各有禮的態度，你一貫的作風是能吸引別人的注意力，便是一種愉悅。

　　O型獅子座的你從來不隱藏戀情，相反的，總是得意洋洋地炫耀自己的戀情，一旦失戀了，你會強迫自己打起精神，收拾自己受傷的心靈，馬上又開始挑選新的目標。轟轟烈烈的愛情是你做夢都想要的，你不願意把愛情埋藏在心底，時刻都盼

望對方能夠感受到你所有的感情，感受到你的愛意多麼濃厚。一般情況下，O型獅子座的你常常迷戀在激烈的愛火之中，以至於燃燒自己也不會在惜。在尋找愛情的道路上，一旦找到和你興趣相投的人，便很快融入角色之中，跟你的伴侶相處融洽。

在尋覓愛情的途中，一旦對某人萌生了愛慕之意，絕不會矯揉造作，而是直接地向對方表達自己的愛意，約會之前會慎重地選擇約會的地點，儘量找一個能讓對方得到放鬆的環境，盡可能給對方驚喜，想盡辦法營造出完美的愛情場景。一望無際的沙灘和鮮花盛開的公園，往往會留下你們深深的足跡及美麗的故事。

如果不考慮對方感受，擅做主張，最終將導致失敗。

婚姻家庭

由於O型獅子座的氣質使你在追求浪漫時，情緒一直非常高亢，但一旦面對現實問題，就不會再熱情洋溢了。O型獅子座的你，對待婚姻和戀愛有著迥異的態度，當你戀愛了，你始終保持著高昂的熱情，但是對婚姻卻始終提不起興趣。或者可以說，你不願意結婚而只是想談戀愛。在你的觀念中，你認為戀愛和結婚根本上存在區別。

對於婚姻，你抱著不折不扣的現實態度，只要一談到結婚，O型冷靜的特徵就逐漸加強了。戀愛在你的頭腦裡始終認

為是一種不折不扣的美好時刻，但是不得不承認婚姻是現實的，成為獅子座最終的配偶要至少具有極佳條件才有機會，才能讓你的自尊心有些許滿足感。

O型獅子座的你，在踏入紅毯之後，仍崇尚浪漫的生活，家庭束縛並不是問題。瑣碎的家務是最讓女性煩惱的問題，總渴望和丈夫一起外出交際應酬或爭取外出工作的機會，但是，這種想法正是丈夫最煩惱的問題。

O型獅子座的女性，雖然總是讓瑣碎的家務困擾著，但是還是有地方優於別人，喜歡和小孩子在一起就是其中一點，不僅很喜歡教育孩子，而且在閒暇的時間裡特別喜歡和孩子們一起遊戲。

一般來說，你在家庭中的人際關係都不會讓你感到煩惱，甚至讓你引以為傲，但是，如果你過於優秀，可能往往會遭到對方的嫉妒，甚至產生不愉快。因此會導致一場家庭的紛爭，後果不堪設想，這個未免太不值得了，所以即便在家裡面，在這些方面對於自己的家人還是要在感情上多加注意，要讓情緒有所節制。

溫馨小提醒

戀愛，總是渴望生活在浪漫的愛情故事中，這種渴望並不是不可以，但是，周圍的環境變化還是要時刻注意的，切忌因為一時的衝動，而將自己辛苦建立的生活基礎毀掉。

最佳速配

和O型獅子座最搭配的是獅子座、射手座、摩羯座，其次速配的是雙子座、天秤座、水瓶座。你與這些星座的人，在性格脾氣上很能合得來，若有共同的興趣愛好或人生志向，速配指數更高。

O型獅子座的你喜歡浪漫富有激情的戀情，過於平淡會讓你覺得寡淡無味。你的理想伴侶是富有浪漫激情，並且長相突出的異性，你不在乎對方的學歷、家世等外在條件，越是不般配的戀情越能激發你的興趣。你渴望一場轟轟烈烈的愛情，需要注意的是，過於看重戀情的轟動而忽略實質，會讓你吃盡苦頭。

適合你的伴侶是幽默風趣、處事大方、誠懇踏實的行動派，學會遷就、學會體諒，和伴侶之間的默契會更多哦。

健康驛站

O型獅子座的你，為了交際在菸酒上無所禁忌，你需要注意肝臟、高血壓、咽喉方面的疾病。菸酒可以少量，無所禁忌的話，你的健康必然亮起紅燈。另外，你還要注意眼睛、頸椎和關節上的毛病。

你有極好的旅行運，外出旅行中總能交到很多好朋友，也會邂逅你的意中人。你適合到冰天雪地的地方旅遊，滑雪、溜冰等運動也很適合你。

O型×處女座

性格分析

O型血處女座的你，對愛情專一而執著，並兼具強烈的責任感。此類型的男生往往不具有雄才偉略，但是卻有將對方捧在手心，照顧好家庭的能力。對人生總是有很多夢想與目標，即使有的你知道根本實現不了，但是還是會時而做上「白日夢」，並會為夢中的美好藍圖而竊喜。

由於你非常具有智慧，所以往往會身邊人覺得你在「耍酷」而讓他們有距離感。其實，瞭解你的人才知道，你為人熱情，對生活充滿感恩，對待事物非常積極樂觀，對待朋友更是沒話說。但是，你是非常理性的，尤其是在面對新事物和陌生人及做出決定之初。正是基於這種理性的意識，加上你平時比較關注法律的懲罰性措施，所以你絕對有不違法的本領。

當然，有人說處女座的你在生活中是潔癖，但其實你只是對他人的「行為」或環境要求較高，而自己也是個隨性的人呢！你無論對人對事都喜歡直來直去，不喜歡「話裡有話」的感覺，當然也比較厭惡那種在背後捅刀的小人。

你對待身邊人與事認真的態度，經常能夠給朋友帶來一種

霸氣感。但是，儘管如此，朋友們就是喜歡你這種真誠、不做作、不馬虎的表現。

O型處女座的你有種「任爾東西南北風，我自巋然不動」的心態。你能用冷靜的心態去看待身邊發生的一切事情，並對這些事情做出較為客觀的評價。

O型處女座有著天生嚴於律己、寬以待人的傾向，對自己要求非常嚴格，甚至有點神經質，但是對待身邊人卻能夠顯示出一種寬容與諒解。

因為你做事認真，並且給人一種冷酷的印象，所以剛剛認識你的人都會覺得你是一個非常傲慢而難纏的傢伙。如果O型處女座的帥哥美女們能夠發揮O型人的基本特徵——親切感與領導才能並重的話，將會收到意想不到的效果。

O型處女座的你，無論男女，內心都有對純淨愛情的憧憬。無論處境多麼嘈雜，身邊的人對愛情的貞操觀多麼不屑，你心中對純淨愛情的嚮往就始終不變。

那些給人「傲慢」與「不可一世」的第一印象，也只不過是想保持自己內心的淨土罷了。但是，請你記住，個性與真自我是有價值的，可是成熟的標誌往往是「外平滑而內棱角」的，所以只有更好地發揮O型的積極行動性，才能彌補這項不足。

溫馨小提醒

若是太過於堅持真自我，往往會讓身邊人產生距離感，不利於人際關係的開展，也會對仕途產生一定的影響。

處女運勢

你的人生運勢一般，但因為認真勤勞的人生態度，無形中給你自己創造了好運氣。你會得到貴人的幫助，在事業、婚姻上都能達到你的理想。你很有可能因為朋友帶來財運，過得比較寬裕。但不要把致富的希望放在投機上，不然會落得人財兩空。

在交朋友方面要學會鑑別，要交良師益友型的朋友。若交到小人型的朋友，可能會給你的人生帶來厄運。

你很有父母緣，很孝順自己的父母，子女也很孝順你，不會因家庭關係的不和諧而憂心。

溫馨小提醒

交到真正對你有幫助的朋友，是你開運的關鍵。

職場命運

O型處女座的你，做事認真，毫不含糊，讓人信賴。在工作上臻於完美，讓欣賞你的人更加認同你，讓你的搭檔信任你。但你對自身的完美要求，會無意識地滲透到其他人身上，讓人感覺你過於冷血、過於苛刻。

如果你的個性以積極、熱情的方式表現出來，既把自己的分內工作做好，又幫助合作夥伴共同做好工作以達到你的要求。在人際交往上更加圓融一些，你會成眾人敬仰的對象。

你的判斷與分析能力強於常人，適合做分析研究類的工作，這讓你更能發揮你的特長。若糾結於自己不喜歡的工作，會成為你壓力的主要來源。

在人際交往上更加圓融一些，會成眾人敬仰的對象。

贏在職場

O型處女座的你是典型的職場達人，因為你頭腦冷靜，心思縝密，做事認真。僅憑這一點，你的工作能力就會得到單位長官的認可，前途一片光明。但是你並不適合自己當老闆，因為你沒有辦法讓自己的行為不受監督或鼓舞。

辦公室文員、財務負責人或者祕書的職位更加適合穩重的你。別看這些職位不起眼，那可是一個單位的核心環節，如果出了一點錯誤，將會損失慘重。所以，這些細心的工作交給O型處女座的你完成，是再合適不過了。

當然，O型處女座也是學術界的高手。因為你們穩重而不張揚的性格，非常適合在學術領域「低調」的遊走。如果O型處女座的人能夠在學術層面多下工夫，相信會成為非常著名的專家、學者了。

總之一句話，無論發生什麼事情，交給你們的工作都會順利完成，且不會出現什麼嚴重的問題。O型處女座的人，絕對是成功人士必不可少的事業合作夥伴。

溫馨小提醒

選擇一位性格開朗、頭腦靈活並且具有遠大夢想的人作為你的合作夥伴，那麼你離成功就不遠了。

社交技巧

O性處女座的你個性比較保守，處世比較謹慎。自身良好的家教，讓你在社交場合散發優雅的魅力，雖然你自己並未覺察到。若能夠更加大方一些，更加善談一些，你會吸引更多的目光。

自尊心很強，神經比較敏感，待人經常好惡分明，無意中會得罪一些人。你的眼睛裡容不得沙子，對待別人的缺點深惡痛絕，卻看不到自己的缺點。喜歡批評別人，卻聽不進別人對自己的批評。

溫馨小提醒

時刻保持空杯心態，虛心聽取意見，會提升你的交際魅力。

財富密碼

O型處女座的人是朋友眼中的「鐵公雞」，他們從不浪費錢財，並且認為應該將每一份辛苦錢都用在有價值的地方，而不是用來享樂與購買奢侈品上面。

O型處女座的你一生不會得到意外之財，但是透過自己的努力與耕耘，手中累積的財富越來越多。屬於生活不至拮据，但是也不會到富足的程度。你總是能夠掌握家中的財政大權，並且將生活裡的所得與開銷計劃的非常合理，井井有條。

不過話又說回來了，O型處女座的人也是十分愛面子的。偶爾的大方也會發生在你們身上，比如說朋友遠地來訪，作為「東道主」你肯定會大方的請朋友吃飯、安排住宿，甚至還會買一些當地特產讓朋友帶回家。這時的你們，自尊心佔據了主導地位。

溫馨小提醒

> 要謹記「貪小便宜，吃大虧」的教訓，在理財方面要儘量將目光放長遠。生活中的每一筆投資，包括人際關係的投資其實並不是一種浪費金錢的表現，相反那是一種對未來更大收穫的前期付出。

戀愛攻略

O型處女座的女生，比起戀愛時的甜言蜜語，更喜歡踏踏實實的愛情。但是，這並不表示你們不嚮往甜蜜的愛情，只是你們對待愛情的態度比較謹慎，而且都會考慮的婚姻的問題。你可能永遠也無法理解玩勁舞團的那些男生女生們在遊戲過後可以見面，甚至在一起這種事情。也唯有如此的小心翼翼，才能保護嚮往純淨愛情的你。

因此，「我愛你，但是如果他（她）能帶給你幸福的話，我選擇放棄」這種話絕對可以出自O型處女座之口。即使你在你追求一個女生或者愛慕一個男生後，未能如願以償地獲得同樣的好感，你會在心中為他（她）祈禱，並希望他（她）會幸福、快樂、美滿一生。

對待感情的謹慎與真性情是O型處女座的典型特徵。雖然，在戀愛期間會給人留下些傻傻的、不動腦筋的印象，但是這絲毫不影響你對愛情的認真與純情。無論你的人生經歷過什麼，在愛情的道路上抑或坎坷，抑或一帆風順，你總會堅持對純淨愛情的嚮往。心中的一絲清泉，永遠不會被抹滅。隨著時間的流逝，你遇到的異性越來越多，但是對於愛情觀卻能保持不變，這對於O型人的確很難得。

我們知道，戀愛中的O型人是活在自己世界裡的愛情精靈，O型人是可以為了愛情付出一切，甚至不在意身邊人的眼光。然而，作為O型處女座的你卻不會如此「盲目」，一般而言，你給人的更是一種神祕的印象。

溫馨小提醒

> 不要過於沉溺愛情，即使在熱戀中也千萬不要喪失理性。

婚姻家庭

O型處女座的你們，在婚姻家庭方面顯得非常保守。O型處女座的人追求純淨的愛情，也追求精神戀愛。在婚姻觀念

上，你們介意世俗道德觀，介意周圍人的眼光。所以，結婚的排場很重要，婚後的生活品質也很重要。

對O型處女座的人來說，婚姻是件非常神聖的事情，你們不會因衝動情勢所迫而迷迷糊糊地步入婚姻殿堂。在你的意識中，婚姻象徵著另一種人生，另一個人生的起點。你希望你的婚姻得到家人的祝福、社會的認可，也希望你的婚姻會成為你事業的後盾。

無論在經濟方面、教育子女方面、家庭生活方面，你都會有詳細的計劃。在你眼中，沒有計劃的事情是不會考慮的。而且，即使周密的計劃要花費很長一段時間，你也一定要維持心裡理想的目標，始終不渝。

在選擇配偶上亦是如此，O型處女座的人選擇配偶是會考慮的非常長遠，而且眼睛裡不容沙子。對於女生來說，他們總是喜歡假設一些問題不厭其煩地反覆問對方，然後經由對方的回答考察對方的性格、態度、發展以及雙方的感情堅固程度。

你們的座右銘是一絲不苟的做好本職工作。所以，認真與責任心是你給朋友的第一印象。一般說來，O型處女座的人雖然做事情一絲不苟，適合辦公室、財務等細緻的工作，但是你們不善於到獨立的事業中發揮領導才能，而更願意被人領導，被監管。因為，你們具有在面臨選擇的時候，總有一種憂鬱的氣質。

結婚以後，O型處女座的人會把家庭生活安排的有條不紊，絕不打沒準備的仗。從結婚開始，你們對於何時買車、何時要孩子、何時搬家等規劃就已做得很詳細。除此之外，O型

處女座的女性還是廚房高手，你們用廚藝抓住老公的胃，並對烹飪技術研究的樂此不疲。而O型處女座男生則非常有責任感，且有卓越的辦事能力，踏踏實實地去做好每一項工作。

雖然婚後的女人會逐漸變成家庭主婦，但O型處女座對待婚後感情仍然充滿的浪漫的期待。你們不希望婚後生活變得枯燥無味，仍然期待情人節的玫瑰及聖誕節的小驚喜。

溫馨小提醒

明晰自己的身分，不要混淆夫妻之間的角色扮演。夫妻之間發生不快時，要妥善解決，不要悲觀。

最佳速配

你純潔、保守的個性讓你對待愛情有一種精神潔癖。你喜歡的伴侶是浪漫純情、以愛情至上的異性，O型處女女性喜歡有男子漢氣魄又保留著內心那一份純真的異性，O型處女男性的理想伴侶是單純可愛的小鳥依人型的女孩。

一旦你投入到戀情中，最開始的時候你絕不會到處宣揚，你喜歡進行祕密的「地下式」的戀情。適合你的對象一定是你心中完美的人，並且他具有強大的包容心，包容你的壞脾氣和小任性。斤斤計較，無法容忍你的潔癖的人，絕不是適合你的人選。

和你最為搭配的星座是處女座、金牛座、摩羯座，其次的是巨蟹座、天蠍座、雙魚座。其中O型摩羯座和B型金牛座最瞭解你。

健康驛站

O型處女座容易神經敏感，要注意神經衰弱等神經方面的疾病。在飲食上要營養均衡，避免暴飲暴食。O型處女座女性要注意婦科病、神經性胃炎、濕疹等。

外出旅行的話要選擇陽光充沛、風景秀麗的景區，比如大海或者小島，這能讓你更加放鬆心情。

O型×天秤座

性格分析

O型天秤座的你是個性情溫情的人。無論待人待物都顯得十分得體，不走極端。冷靜與靈活是你們的性格特徵。所以，你特別討厭發生爭吵，為了保持美好形象，你不會選擇在大庭廣眾之下輕易動怒。在這種情況下，你給人的第一印象是非常好的，因為身邊的人會覺得你溫文爾雅、處事大方、適合交往。

O型天秤座的你，具有天生的一種唯美意識，是典型的理想主義者。你是美的追求者，是美的代言人。就拿用餐來說，即使是最細微的部分，你也會嚴格挑選出精美的食材與作料，做出最完美的一餐。但是，物極必反，過分地追求細節完美的

O型天秤座也容易變得粗俗淺薄，不重內涵、只重外表。如果這種性格強烈地顯露出來，就會使自己變成令人討厭的輕佻型人物。

O型天秤座的你，做事情比較講求效率與品質的良好結合。不喜歡拖拖拉拉地完成工作，不喜歡猶豫不決的做事方式。所以，好人緣是你們的過人之處。人們會發現，你永遠是人群中的焦點，大家喜歡圍繞著你。你的親和力與向心力是別人不能比的，也正因為如此，你和社會中很多紳士與淑女一樣，熱愛交際。

O型天秤座的人，有兩種典型的性格類型：一種是猶豫不決型；另一種是黑白分明型。但是對於第二種類型的O型天秤座的人來說，其實是容易走入極端陷阱的。

溫馨小提醒

不要過度地關心外表，要更加注重人心，將心比心，可以使你交到更多的朋友。

天秤運勢

O型天秤座的人生態度是等待而非衝刺，安於現狀，不去積極地開拓自己的人生版圖，所以O型天秤座的運勢平平，還伴有大大小小的波折。

你的人生中可能會經歷許多的痛苦，可能是由於自己的家庭造成的。你很擅長累積財富，財運較佳。

溫馨小提醒

> 若你能制定自己的認識人生目標,積極努力地去實現,你的人生運勢會慢慢好轉。

職場命運

你很會協調人際關係,絕不會輕易和別人發生爭執,即使發生不可避免的爭執也能很妥善的處理。

你的事業心不是特別強,你選擇的工作全憑自己的興趣,不會強迫自己做不喜歡的事。

你在職場中屬於中庸的人,對工作不是那麼拼命,但你很有責任心也很能吃苦,對自己分內的工作能夠完成的很好。你在職場中屬於受大家歡迎的類型。你能夠應對複雜的職場鬥爭,對職場潛規則有清醒的認識。若你能培養自己的決斷力,你能贏得更多的支持者。

溫馨小提醒

> 要想贏得更多的支持者,就要注重決斷力的培養。

贏在職場

從哪裡跌倒從哪裡爬起來。O型天秤座的你,不是為工作你能夠拼死拼活類型的事業型強人。你在工作時總是為自己留有餘地,所以努力不足會使你離成功總是一步之遙。所以,只

要你抓住機會的尾巴，努力奮鬥，勤奮圖強，成功還是會垂青你的。

由於你追求完美的性格，所以一切與美有關的職業都適合你。例如：服裝設計師、美容師、化妝師等等。當然，如果你具有特殊的才能，台前的工作也是你所嚮往的，例如：主持人、舞蹈演員等。

此外，由於你具有整合資源的超凡能力，所以你總是有他人不知道的消息。只要你能夠恰當地利用這種消息，就可以大幅度地減少失誤的發生。

所以，無論何種事業，你能夠用靈活的頭腦應對挑戰的話，你離成功就不遠了。

溫馨小提醒

天下沒有白吃的午餐，凡事都要付出十分的努力，才會得到十分的回報。所以，不要輕看任何一種工作，你的財運與仕途可能就取決於它們。

社交技巧

O型天秤座為人溫和，寧可忍氣吞聲也不會給自己樹敵。很多人都願意接近你，你的朋友非常多，生活得很熱鬧，但大多是泛泛之交。知心的朋友很少，因為你的防備心理比較重。大聲地說出你的真實想法來，會讓朋友覺得你更加誠實可信。

你天生優雅從容，社交圈裡都是和你一樣優雅的紳士、淑

女。藝術天賦十分突出，你在音樂、美術、戲曲等藝術領域都有涉獵。

溫馨小提醒

多和同一個興趣圈的朋友往來，你將獲得更多志同道合的朋友。

財富密碼

金錢在眼前，人人都想得到，甚至想得到得越多越好，這是很多人的心理。古人教育我們說，君子之財，取之有道。貪欲者，眾惡之本。一個人如果貪得無厭，就會感覺不到世間其他快樂的東西，更會就此亂了方寸，心中謀略一亂，慾望就更多。

貪欲多，心術也會不正，我們就會被貪欲所困、失去理智去行事，容易把事情做絕做壞，大禍也將臨頭。所以不忍心中的貪欲，什麼事物都會辦不好。

受貪欲的影響，總是奢望自己能夠多占多得、不勞而獲，而將生命中更重要的真情、親情等等棄之不理。要記住，雖然我們的生活離不開金錢，但是生命之中永遠有更重要更精采的東西值得我們去追求，這點也是O型天秤座心中時時謹記的道理。

O型天秤座的你，財運並不旺盛，但是可以維持小康水準。儲蓄雖然是最常見的生財之道，但是只要能嚴格控制每天

的收支，慢慢就收到一些效果。不要眼高手低，若是花費在自己的計劃範圍之內，就會有充裕的生活。

溫馨小提醒

如果太過在意他人的眼光，就會破壞個人的財勢。你應該避免死要面子活受罪，在別人面前裝大方，吃虧的只是你自己。

戀愛攻略

別看O型天秤座的你為人處世大方得體，喜歡交際。但是在愛情方面，你還是比較被動的。你即使有愛慕的對象也不會說出口，而會選擇默默地觀察與等待。你對自己的魅力非常有自信，你相信機會是留給有準備的人，所以愛慕對象面前，總會用最美麗的一面出現。

O型天秤座，處在戀愛中的你像是公主一樣魅力四射。你的身上有吸引異性之處，有豐富的表情，高超的談話技巧，活潑的個性，開朗的笑容，這其中的任何一個特徵都足以引起異性的注意。

你喜歡「半糖主義」的感情而害怕纏綿，因為這對你來說是一種負擔。你喜歡浪漫，但是不喜歡沒有內涵的浪漫語言。也許在浪漫的海邊沙灘餐廳共進燭光晚餐，和愛人在簡單的小調伴隨下翩翩起舞後狂歡，更加適合O型處女座的你。

溫馨小提醒

要在愛情中保護自己，不要輕信他人的看法與建議。只有你自己才知道想要的是什麼愛情。

婚姻家庭

天秤座的你很注重公平與平等，也非常注重均衡。你無法接受婚前的同居行為，你認為這是一種破壞均衡的形式，但其實更在於你害怕外界的言論。你非常愛惜自己的羽毛，所以你不希望自己的行為被外界說三道四，因此在平常的行為中，你會避免出現言談舉止不合乎常規的情況。所以，在你的身上絕不會出現為愛瘋狂、私奔等事情，你會非常理智地看待這些事情，非常優雅的面對。

對於你而言，婚姻是一件非常重要的事情，你非常重視婚姻的合理性。到了一定的年齡，你就會本能的把結婚訂上日程，這並非是因為你有了結婚的對象，而是你覺得再單身的話會被周圍的人說話，說穿了，你更加注意別人的眼光。

你的婚姻是非常現實的婚姻，在婚前你會認真的考量自己婚姻的品質，你非常重視另一半的發展，這樣理性的婚姻一般來說能夠得到大家的祝福，而且延續較長的時間。

結婚後的你會是一個熱愛家庭的人。你喜歡和諧，所以在生活中你會儘量避免衝突，所以將會是一個好妻子/好丈夫。你非常重視另一半的看法，所以夫妻之間也能養成非常大的默契，如果你的另一半也是一個非常理性的人，那麼你們通常會

有非常平衡的婚姻，沒有人會在家庭中一人獨大。

婚後的你，非常注意家庭的美感，這與你天生是一個追求美感的人有關，你的家總會佈置的非常漂亮，並且你裝修也會非常有品味，生活也不乏浪漫。

你對小孩的教育非常的民主，在你的家庭中，家人的地位是平等的，所以你的小孩子從小就會養成非常獨立的性格。

溫馨小提醒

你容易養成依賴性，所以要保持相當的獨立性，給彼此留一些空間。同時要避免自己愛美的心氾濫，導致家庭的入不敷出，要掌控好自己的理財，因此建議選擇一個比較會理財的另一半。

最佳速配

O型天秤座女性比較欣賞果斷剛強、事業與家庭兼顧、品味高雅的男士，彼此情投意合，有著相似的婚戀觀，可以共創幸福的生活。

和O型天秤座搭配的是天秤座、雙子座、水瓶座。擁有惡劣生活習慣的男士，即使性格再好，也難以打動你的芳心。

O型天秤座女性不是天生的家庭主婦，因為自己的優雅作風，喜歡買一些華而不實的家居裝飾，這常常會成為夫妻吵架的導火線。你為了自己心愛的人會培養自己理家的能力，但無法成為你的專長。O型天秤座女生大多有大小姐脾氣，即使脾氣再好的男士也會被你磨掉耐性，你必須改正這樣的缺點。

健康驛站

O型天秤座身體底子較弱，對冷空氣、濕氣比較敏感。要注意預防皮膚、呼吸系統、肝臟等方面的疾病。

你不太會釋放自己的壓力，心情鬱結也會引發健康隱患。找朋友傾訴傾訴是很適合你的解壓方式，除此之外，還可以多做運動。打太極、羽毛球、網球等運動都很適合你。

O型×天蠍座

性格分析

O型天蠍座的性格十分複雜，幾句話難以概括。O型天蠍的外在個性對天時地利人和的要求極高，根據不同時機表現出不同的特點。同樣是O型天蠍座，不同的人又會有不同的差異，但整體來說O型天蠍座的你，具有顯著特徵：固執己見、意志力驚人、信念堅定。這幾種複雜的個性綜合起裡，就會顯得相當矛盾。但是，嚴格說來，O型天蠍座的個性以天蠍座的強烈的個人意識為主。O型的氣質被掩藏在天蠍的氣質之下。你平靜的外表，讓你在第一次和別人見面時容易忽略你，但

是，你具有相當令人震驚的深沉，頑強的意志力也是其他星座血型無法比擬的。你的意志力穩如磐石，任何人難以動搖。

　　你的另一個顯著特徵是富有豐富的想像力，你在社交上常常陷於被動，直到找到和你志同道合的人，就會完全地信任對方。你常常運用敏銳的直覺和奇異的想像，洞察他人的心思，掌握他人的心理。在交友上容易愛恨分明，對你第一感覺不喜歡的人愛理不理，絕不會說迎合對方的話。同時，你的平靜冷漠的外表也給人拒人千里之外的印象。

　　其實，你本質上是真誠善良的人，你信奉諾言，很少做出承諾。然而一旦說出承諾，就堅決會遵守。你的朋友都十分地信賴你，但你害怕朋友太過瞭解你，有時你會故意隱藏自己內心，顯現出一種神祕的樣子。佔有欲也很強，一旦感興趣的東西，你就會想方設法得到手。在感情上更是如此，因此你容易陷入各種糾紛中。

　　因為你天生堅定的意志力，在性格上顯得頑固而剛愎自用，登上領導崗位的你可能會因此而受同事的排擠。你十分好強，自尊心很強，很難向強者低頭，你不服輸的勁頭讓你暗暗努力，爭取有一天能超過自己假設的敵人。對於他人的建議，你不置可否，依然按照自己的意見行動。在別人看來，你是個不折不扣的頑固派。

溫馨小提醒

你無意中流露出的神祕氣息，常常會掩蓋你誠實善良的本質。

天蠍運勢

O型天蠍座屬於大器晚成型，年輕時並不怎麼順利，但到了中晚年，之前所做的努力都能實現，人生步入坦途。

在愛情上也不是特別順，有可能被情人背叛，但因為O型人的樂觀性格，不會給你造成太大的傷害。你可能不止一次婚姻，歷經波折才在最後獲得美滿的婚姻。

雖然各方面都會遇到些小挫折，但你很有朋友運，每次都能得到朋友的幫助，化危機為轉機。你自己的冷靜理智也增強了自己的運勢。

溫馨小提醒

保持冷靜理智，可以增強你的運勢。

職場命運

O型人和天蠍座的結合，是你綜合了敏感多情和頑固堅定的個性，這兩種相反的氣質使你在別人眼中顯得神祕。但你能在適當的時機展現你令人喜歡的一面，還需要將兩者保持平衡，不至於過分矛盾。

你擁有堅忍不拔的意志力，在工作上遇到任何苦難都不會亂了手腳，這讓大家十分信賴你。

你冷靜理智的態度，容易讓人覺得你冷血無情，置身事外，這讓人無法容忍。有的時候你表現出你主動積極的一面來，更容易獲得大家的共鳴。

溫馨小提醒

在和同事合作時，要加強與合作夥伴的溝通，你們的合作才能更加和諧。

贏在職場

你自身具有極高的責任心，無論做任何事都一絲不苟，這比較容易讓你感到成就感。憑藉你認真的態度，你可以獲得某種程度的成績。你內心潛藏著強大的野心，你強大的意志力促使你制定了詳盡的計劃，你會堅定地朝著目標前進，破除成功道路上的任何障礙。

良好的人際關係的是你成功的關鍵。你雖然有吃苦耐勞的精神，頑強拼搏的勁頭，但容易忽視和別人的團結合作，有時對自己自視過高，忽略自己的眾多缺點。在這個處處需要協作的時代，個人的力量是微不足道的，若能重視和他人的團結合作，時刻發揮集體觀念，才能靠近成功更多一點。

O型天蠍座的你對工作具有強烈的責任感，較適合從事敏銳性及洞察力強的職業，例如，醫生、作家、心理學家、企業界限研究開發。其次，也可以用你與生俱來的強健體魄，較適合從事導遊、員警、船員、職業運動選手等職業。

溫馨小提醒

改善自己有些封閉的個性，多和朋友朋友聯繫，以
擴大自己的交際圈，開闊自己的視野，必然對你有
所幫助。

社交技巧

因為你不會刻意地迎合別人，對人敵我分明的態度和很難
信任他人的心理，你的知心朋友並不多。朋友都是你喜歡並且
和你志趣相投的人，對你討厭的人你會很明顯地表現你的反感
情緒，加上你冷若冰霜的外表常常讓人誤解你是難以接近的
人。在人際交往上，你要以百倍的熱情對待，才不至於淪落成
孤家寡人。

你認為的真正的朋友中，可能有不是真心對你的人，還有
可能遭遇情人的背叛，你要學會更加敏銳地洞察他人。經常參
加一些交際活動，會擴大你的交際圈，也會有更多的機會交到
真正的朋友。

溫馨小提醒

在人際交往上，以百倍的熱情對待，就不會讓自己
淪落成孤家寡人。

財富密碼

O型天蠍座的你，處事十分謹慎，擅長未雨綢繆，你會有相當可觀的儲蓄，並且你的理財方式也十分科學。懂得投資，懂得開源節流。你的財運，讓你不用太拼命就能過的比較舒心。你在投資方面相當有魄力，不用絞盡腦汁就做出決定。大多數情況下你的投資都有收益，偶爾還會有小小的意外的驚喜。

總之，你有相當不錯的財運。因為，你十分勤奮，除了工作上的固定投資還會有股票、債券方面的收益。

雖然你不是一毛不拔的鐵公雞，但你的控制欲比較強，有時會有守財奴的心理。在你有了一定財富之後，你可能為了達到自己的目的而鋌而走險，做出一些不法勾當。另外，也可能收受賄賂，因為你實在太愛錢。

溫馨小提醒

保持優良的理財習慣，切不可為了累積財富而做出後悔終身的錯事。

戀愛攻略

O型天蠍座的你對待愛情冰火兩重天，在戀愛中可能出現截然相反的兩種態度。天蠍座的氣質，在戀愛的時候會表現得更為強烈，理智的態度就會顯得無比強硬，O型的冷靜性恰好

可以來加以調和。當你的個性表現為O型血時，表達愛情的方式就很直白。但表現為天蠍個性時就會有相當強的耐力。這兩種矛盾的態度讓你十分苦惱。

但整體來說，你的愛情模式本來就是複雜多變的。可以肯定的是，大多數情況下，只要你投入到戀情中，你就會有蝸牛般的耐性，像藤蔓一樣緊緊纏繞著牆壁。

你的伴侶假如是你的同事，你就會緊緊追隨對方，常常讓對方十分痛苦。不管怎麼樣，你總是用誓不甘休的態度堅決地對待你的伴侶，不然很難滿足你對感情的火熱追求。每一次你對待感情都全力以赴，只要讓對方覺得幸福，你都會在所不惜。

雖然你心底的感情十分火熱，但你和白羊座、獅子座不一樣，你的愛情表現方式不是熱烈的華美的，而是低調而深沉的。你會將這種深沉的感情轉化為細水長流的方式，使你們的感情更加堅固。

你對待感情十分投入，所以在婚前就可能發生很親密的關係。所以，O型天蠍座男女，都會讓人誤解為情場老手。事實上你對待愛情太過於投入，你是真誠地對待對方。你的這種戀愛方式，和處女座追求柏拉圖式的精神戀愛截然相反。因此，你在愛情上的大膽行為，總讓人感覺你很輕浮。

因為你付出了全部，一旦被對方背叛，你的憤怒可想而知。積壓長時間的憤恨只要爆發出來就難以收拾，你的復仇是相當可怕的。但是，O型血冷靜的一面又會做出一定的彌補，這讓你失戀的態度稍為緩解，緩解到和其他人相當的程度。

溫馨小提醒

戀愛中的你不要過分沉溺在自己的感覺中，要時刻詢問對方的感受，為對方考慮，懂得經營自己的感情。培養兩人的默契才是最重要的。

婚姻家庭

O型天蠍座的你，喜歡一個人的孤獨，沉浸在感情中就會十分投入。但在最初，不會貿然考慮結婚這麼長遠的問題。獨立個性讓你很難軟弱和感性起來。事事都不想依靠別人，你認為靠自己的努力也可以活得很好。加上，你強烈的責任感和真實的本性，也讓你對待婚姻很謹慎。婚後的你絕不會因為結婚而後悔，因為這是你深思熟慮後的結果。對家庭也有著天生的責任感，家裡的一切你都會放在心上。等有了孩子，無論男女，都非常寵愛孩子。

O型天蠍座的男性，婚後放下婚前追求個人自由的心理，勇於承擔自己的責任。O型天蠍座的女性，對待婚姻十分忠貞。你建立起了典型的『男主外，女主內』的最佳模式。男性對家裡的事關心但不會過多干涉，女性分擔家庭要務，也很少干涉丈夫的事。

你們共同教育孩子，以開明的態度對待孩子，不會有揠苗助長的心理，讓孩子在一個開放自由的環境裡自由健康的長大。在教育孩子方面，你有自己獨到的教育觀和價值觀，讓孩子深受影響。

O型天蠍座的你，即使感受到婚姻生活的幸福，也希望擁有自己的獨立空間。所以，即使夫妻在一起，你也會讓自己的思想自由馳騁，開闢自己的精神空間。這無可厚非，但這容易讓夫妻之間產生矛盾。

如果這個矛盾積存時間過長，一旦鑽進牛角尖，就會造成夫妻的信任危機。並且會像不定時炸彈一樣，時常爆發一下。很多時候夫妻關係岌岌可危，在你善良的本性下，才及時挽回。而十分寵孩子的O型天蠍座，為了孩子也不會輕易離婚。

溫馨小提醒

一味追求自己的個人空間，常常產生夫妻嫌隙。互相給予對方關心，多為對方著想，才能穩固兩人的感情。

最佳速配

O型天蠍座的最佳速配星座是天蠍座、雙魚座、巨蟹座，金牛座、處女座和摩羯座也能和你合得來。

適合O型天蠍女的伴侶是熱情開朗、真誠善良的、溫柔體貼的異性，不要輕易嘗試姐弟戀，比你小的人很容易和你產生衝突。

你的伴侶通常是你的朋友或同學，辦公室戀情你不感興趣。只有真正瞭解你的人，才不會被你冰冷的外表嚇到，才會發現你閃光的特質，被你所吸引。

健康驛站

O型天蠍座大都挑食，有的甚至厭食，加上你的消化功能較弱，所以O型天蠍座的你很容易遇到腸胃疾病的困擾。你需要養成良好的飲食習慣，營養均衡才能擺脫病痛的苦惱。

你天生擁有好體質，需要留意頭痛、便祕、扁桃體發炎等小病患，也要注意預防意外身體傷害。

O型×射手座

性格分析

O型射手座的你，性格熱情奔放，態度落落大方，即使第一次和陌生人見面也絕不害羞，能迅速和他們打成一片。

你具有寬廣的胸懷，具有遠大的理想和熱愛自由的品性，討厭被束縛。因而你也重視其他人的感受，經常為他人著想。你會在不過多干涉別人的基礎上，以別人最能接受的方式去說服對方。

O型人是敢說敢做的類型，行動力極強。綜合射手座的活

力，O型射手更富有靈動性。O型射手座的你，判斷力很強，加上你的行動力。你經常朝著正確的方向，一步步達成自己的目標。你無論在工作、戀愛、交際中都表現出無比的熱情，你富有激情，並毫不吝嗇消耗激情。儘管有的時候你顯得有些浮躁，但整體來說是大家受歡迎的人。

同時，你的興趣十分廣泛，對某個興趣的熱愛不會持久，這顯得你有些反覆無常。因為射手座的個性中有忽冷忽熱的因數。熱情時，你對別人無比熱心。冷淡時，你拒人千里。你這種變幻莫測的個性，讓你周圍的人很難掌握。但你本性純樸，性格坦率不做作，這是你吸引大家的地方。你胸無城府的單純，對你的人際交往十分有利。但要小心小人利用你的純真。一旦你遭受陷害，你絲毫不掩飾自己的憤怒。無形中為自己樹立了難纏的敵人。

O型射手座的你兼具O型唯美的欣賞品味和射手座的藝術天分。你對藝術的感覺十分敏銳。你不僅重視外在美，更重視內在美。你喜歡研究未知的領域，特別是科學與哲學，對神祕的占卜術也十分感興趣。

溫馨小提醒

你的反覆無常的個性可能是你的最大缺點，為自己定心。否則見異思遷、朝秦暮楚，你會失去自己的信用。

射手運勢

年輕時的運勢低迷，三十五歲後開始有轉機。在三十歲左右會遇到重大的人生變故，可能會有親人離開，跌入人生最低谷。但有貴人相助，三十五歲之後漸入佳境。

可能會有兩次或兩次以上的婚姻，擁有極佳的朋友運，無論是在人生低谷還是人生高潮，你的朋友是你的情感支柱，並給予你極大的幫助。你很有長輩緣，深受長輩們的喜歡。但子女緣較薄，你第一個孩子可能會和你不合，但在成年後和你的關係會漸漸和睦。

溫馨小提醒

只要以積極向上的陽光心態生活，再低迷的運勢也可以扭轉。

職場命運

O型射手座渾身充滿活力，思維、行動都相當敏捷，經常會提出很好的創意。在創意創造價值的當今，你是難得的人才，很容易得到上級的賞識。你十分努力，很有幹勁，但一直往前衝的你可能會忽視和同事間的協作，顯得不那麼合群。

但職場是一個十分需要團結協作的地方，你要回過頭來配合他人的步調，這樣才不至於被踢出局。

婚後的你不適合做全職主婦或全職煮夫，保留你的職業，才能獲得美滿的婚姻。

贏在職場

你愛好自由的個性，讓你極其討厭束縛。對於嚴謹的規章制度，很難容忍。所以你不適合待在大公司，你喜歡沒有約束的做事方法，經常按照自己的意志辦事。並且你具有新穎的創造力，不會每天重複做同樣的事，朝九晚五的上班生活對你來說是深牢大獄。你只會做自己喜歡的，加上你的堅持不懈的拼搏，在短期內就能在某個領域名利雙收。

你即使在無法保障自己的經濟來源的情況下，也不會做自己不喜歡的事，但你很少有經濟上的困擾。你奮發向上的進取心和熱忱的工作態度，常常讓你有豐富的經濟來源。你適合自由的獨創性職業，比如作家、律師、詩人、及教師等。另外，O型血多方面的社會性，加上與生俱來的語言天分，也很適合從事空中小姐、觀光導遊、語言教師、翻譯員等職業。

在工作上，如果長期從事同一項工作，你容易產生倦怠心理，對工作半途而廢。培養你的耐力來對待工作，這樣你更容易走上成功之路。

社交技巧

O型射手座大多是熱情開朗善於交際的人，即使第一次和陌生人見面也能大方得體，迅速和人打成一片，贏得大家的好感。但是你也會有害羞的時候，這正是你可愛的地方。

因為你熱愛自由，討厭被束縛被管制，所以你很少干涉別人的事情，即使是自己的親人朋友。你很樂於助人，無論誰有困難都會盡自己最大的努力幫忙，當然是別人請你幫忙的情況下，否則你不會主動伸出援手，因為你怕別人認為你多管閒事。不瞭解你的人會誤解你袖手旁觀。但是你本性真誠樸實，你熱情的時候會顯得十分真誠坦率，這會彌補你較為冷漠的一面，也是你最讓朋友們喜歡的一面。

射手座、摩羯座、天蠍座是和你很有默契的星座，你會交到這幾個星座的知心朋友。

溫馨小提醒

> 隱藏你的冷漠，多展現熱情，你會更受大家歡迎。

財富密碼

因為你的性格原因，所以財運並不是很好。但因為崇尚自由，不喜歡被束縛，即使過得再窘迫，你也不會為了錢而放棄自由。你對錢的淡泊心理，對你很有幫助，你的道德感不會促使你因錢犯罪，無心插柳中還會得到貴人相助。

由於O型重視現實利益，你也不會做出沒有錢就出門遊玩的荒唐行徑。表面看起來，這樣的你似乎在經濟上很寬裕，但其實根本沒有多少積蓄，常常月光，你屬於有多少錢花多少錢的消費方式。在交際上也十分愛面子講義氣，不管怎麼樣，都是你掏腰包請朋友。

O型射手座具有獨特的魅力，常交到富裕的朋友，在經濟上贊助自己。甚至你不用主動去請求幫助，就有經濟雄厚的人自願替你投資，因此你能專心從事自己喜愛的工作。

溫馨小提醒

「不為五斗米折腰」是一種高貴的氣節，但現世的我們為了生存不得不去賺錢。為了自己不被餓死，為錢做出相應的努力也是應該的。

戀愛攻略

O型射手座的你，喜歡柏拉圖式的精神戀愛，比較重視精神層面。你的戀愛要求是找尋和你有著共同的生活習慣和相同理想的人。你的戀愛理想就是和自己有著共同追求的人，一起實現理想的行動，你享受在行動中所產生的精神默契帶來的幸福感。你討厭戀愛時如膠似漆般的親密，喜歡雙方保持一定的距離。否則你的自由天性就無法得到滿足。

O型射手座的你，無論男女，在表達愛意時，都有如火的熱情，就像兩團火焰，比賽誰的火勢更旺。但你們都不會陶醉在甜言蜜語中，你們是清醒而理智的。

你的戀愛有兩種模式，一種是高雅的精神之戀，一種是瀟灑放手的遊戲戀愛。這兩種極端的模式，都源於你尊重對方的心理。遊戲戀愛並不是說，兩人曖昧不明或者有悖倫理的戀愛，而是一開始，雙方都明確了自己的愛情理想，都會尊重對方追尋自由。萬一最後分手，即使曾經海枯石爛、山盟海誓，也會徹底斬斷情絲。你不喜歡糾纏不清的愛情方式，而且一旦分手了，也不會對對方餘情未了，分手後便成為一般的普通朋友了。

溫馨小提醒

戀愛猶如跳舞，只要步調一致才能譜出和諧的戀曲。即使你追求自由，但你很愛一個人時，就不要冷落他，這只會讓他離你更遠。彼此互相關心，互相體貼才能彼此都珍視對方。

婚姻家庭

O型射手座的你，因為嚮往自由，整體而言不太適合結婚或組織家庭，更不適合早婚。這類的你，無論男女，即使過了適婚年齡也依然過得瀟灑自在，你認為婚姻的對象是遇到的，而不是找到的。而且你不介意世俗社會觀念，晚婚的可能性極大。即使晚婚，你的結婚對象也是你的理想伴侶，但你依然會感受到自己的行動受家庭太多的限制，也會有精神上的壓力。從另一個角度上說，也是你不負責任的表現。

即使你十分投入戀愛，愛得難捨難分，也有可能早婚。但婚後的你馬上會體驗到婚姻生活的單調枯燥，你會感歎婚姻是愛情的墳墓。經常對伴侶十分冷淡，這讓對方很反感。你也不會是合格的妻子或丈夫，你不會害怕孤獨感，一個人反而樂得自在。

表面上你維持著婚姻關係，但並沒有履行婚姻的義務。你十分討厭被束縛的感覺，但基於愛情的因素，你維持著彼此的關係。但是對方會受不了，你們的關係也岌岌可危。所以，你非常不適合早婚。

在夫妻生活中，你很容易產生倦怠心理，平淡的夫妻生活會讓你無法忍受。你會經常和朋友在一起，以逃脫婚姻的束縛，常常會夜不歸宿。所以，你的婚戀觀是開放自由式的，雙方不要約束彼此，只有在婚戀觀上和你達成共識，你才會有合你心意的婚姻。

你們之間會因為你淡薄的家庭意識，有著無數次的爭吵，但你的配偶是真正愛你，並能夠容忍你的。只要你多一些家庭意識，和配偶同進同退，一定能組建一個幸福的家庭。

溫馨小提醒

不要揮霍配偶的感情，你若不用心經營你的婚姻，再牢固的愛情，也會因你的不負責任，而分崩離析。

最佳速配

你喜歡追求彼此不受束縛的戀愛，適合你的伴侶一定是和你有共同理想的人。你崇尚柏拉圖式的精神戀愛，你是遠距離戀愛中成功率較高的星座。所以將愛情當做生活重心的人完全不適合你，你會十分反感在情感上的糾結。

和你較為速配的是白羊座、獅子座、巨蟹座。其次速配的是雙子座、摩羯座和水瓶座。

建議O型射手座女性，想要征服A型異性，向他展示你精湛的廚藝，讓他感受家的溫馨。想要征服O型異性，可以送一個貼心又精美的禮物。想要征服AB型異性，不妨主動一點，安排一場浪漫的約會，會讓他感動不已。

A型處女座和A型雙魚座會束縛你的自由，在選擇時要謹慎。

健康驛站

O型射手座的人大都作息時間不規律，會經常熬夜、出差等，所以一定要注意調節飲食，協調好生活與工作，在身心放鬆的情況下，才能高效率的工作。

需要注意的是失眠，絕對不要依賴藥物。還要注意肝臟、呼吸系統、分泌系統方面的疾病。

O型射手座的好奇心較強，像登山探險、考古旅行等會很合你的胃口。外出旅行時要格外小心，以免粗心而遇到災難。

O型×摩羯座

性格分析

O型魔羯座是埋頭苦幹的實踐家。你會提前制定好詳實的計劃,並踏踏實實、堅持不懈地達成自己的目標。你不怕吃苦,對逆境有著頑強的忍耐力,無論條件再艱苦,也能頑強地去完成自己的任務。

你行事謹慎,不做自己沒有把握的事情。對新奇事物有好奇心,會因為好奇而貿然做對自己無益的事。而且你對自己的計劃深信不疑,堅持自己的主張,無論別人怎麼勸你都不為所動。

你生來就像勤勤懇懇地老黃牛,默默地在自己的土地上耕耘。而你冷漠寡言的性格,讓人難以靠近。你從不抱怨,但屈從命運的做法讓你身上籠罩著一層悲劇色彩。你墨守成規、不喜歡突破的個性,給人保守固執的印象。只有當你身上O型富於彈性的社交能力發揮作用時,才會給人隨和的感覺。

其實,在你沉默的外表下面,你有著火熱的激情和詼諧幽默的一面,但只會在你的親人或知己面前才會顯現出來。你對自我嚴苛的要求,讓人覺得神聖不可侵犯。

雖然你誠實穩重，但是你身上的憂鬱氣質，使你在聚會中顯得落落寡合，本來熱鬧和諧的氣氛，可能因為你的存在而被破壞殆盡。其實，這並不是你的本意，你本來就不適應人多的場合。但這的確是你很大的缺點，若不克服，難免變成孤家寡人。

溫馨小提醒

> 對自己有很高的要求無可厚非，但是嚴肅的外表讓人對你敬畏三分不敢靠近你，就不太好了。

魔羯運勢

　　O型摩羯的運氣不是很好，幼年時就開始有一些小波折，和父母、兄弟姐妹的關係不好，嚴重者甚至離家出走。二十歲左右和親人的關係開始緩和。

　　自己規劃的人生常常達不到自己的理想，但憑藉自己頑強的意志力，雖然遇到很大的困難，也都能夠克服。

　　不太適合早婚，早婚很可能導致離婚，晚婚會較幸福。和伴侶會經歷較長時間的磨合，但是最後一般都能牽手一生。

　　你很會理財，既會儲蓄又能在投資上獲得收益，會有不錯的財運。但最好不要投資股票等風險較大的投資，基本上不會致富反而會有破產的危險。

溫馨小提醒

> 穩健投資，可生財運。

職場命運

O型摩羯在職場上的天賦並不突出，可能和自己同一個起點的人已經小有成就，你仍然沒有大的起色。但你千萬不能急，你的持久性和耐力是強於其他血型星座的，只要持續不斷的努力，一定會達成自己的目標。你比較專注在某一個行業中，不適合頻繁轉行。

你的自信來源於自己在職場上的成績，但也不要過分自信，時刻保持空杯心態，才能在職場上獲得更大的成就。

你在職場上的自我傾向較為明顯，這種態度最容易引起上司和同事的反感。要培養自己的包容能力，虛心接受別人的建議。另外，在你熟悉的領域你容易侃侃而談，甚至會忽視對方是否感興趣。要學會察言觀色，才是真正的職場達人。

溫馨小提醒

職場中積極奮鬥的你，定能笑傲職場。

贏在職場

O型魔羯座很有才華，但有的時候不懂得發揮出來。你內心深處潛伏著強大的野心，外人難以察覺。而且你摒棄婦人之仁，認為狡詐狠毒才能在事業上取得巨大的成功。你的才華若得到充分的發揮，再加上腳踏實地的持久耐力，是你上進的最大動力。即使你現在只是公司基層的小職員，也會想盡一切辦

法，努力向上爬。為了成就你的野心，你甚至會犧牲眼前的利益，這種運籌帷幄的決斷力是別人所不具備的。

你穩健踏實的個性很適合安穩的職業，比如公務員、教師、會計師等。此外，如數學家、測量技術、電腦程式設計師，這一類需要縝密思維的職業也很適合你。若是想利用天生的藝術才能，可以考慮當一個音樂家或者作曲家。

溫馨小提醒

> 在工作上能夠發揮你的才能，但是很多時候成功的事業離不開廣闊的人脈關係。在努力工作的同時，要記得擴展你的人脈關係。

社交技巧

O型摩羯的人性格較為封閉，喜歡獨來獨往，所以朋友不多，但僅有的幾個朋友一定是非常知心的朋友。可能會因為朋友的離別或者背叛而影響自己的生活。

你為人嚴謹，做事勤奮踏實，無論朋友讓你幫什麼樣的忙，無論完成的困難有多大，你都能泰然處之，最後幫助朋友解決困難。這讓大家對你很放心，但你固執保守的個性，讓一些人對你避而遠之。

試著讓自己活得輕鬆一些，向別人展現你最真實的一面，喜歡你的人會更多。多和人接觸，訓練自己的交際能力，向別人敞開心扉，你才能在社交上更上一層樓。

以輕鬆的心態與他人交際，在職場中你會越走越順。

財富密碼

O型魔羯座在理財方面相當有主見。你不斷加強自己的經濟實力，你奉行「君子愛財，取之有道」，你會花錢，更懂得如何賺錢。你認為，工作就是為了獲得經濟報酬，老闆和同事們「在工作中能收穫很多，就不要在乎工資水準」這種唱高調的說法，你不以為意。對於不願付出你的理想薪酬的老闆，你就不會為他效力。

儘管對待財富比較重視，但你也不是見錢眼開的角色。你一切財富來源都合情合理，雖然你沒有太好的財運，但你擁有穩固的財富觀，隨著年齡的增長，你也會累積相當可觀的一筆財富。

但是，O型摩羯座的人自尊心極強，也極為好面子。在交際場合，你會為了面子毫不吝嗇錢財，經常會有預料之外的交際支出。對於不太擅長交際的你來說，這方面確實是值得投入，但也要分場合、地點，否則就是花冤枉錢了。在交際費用上的花費，你要有所計劃，才能不至於做出不合理的支出。

温馨小提醒

理財是門大學問，用錢過度合理或者過度不合理，都會變成別人厭惡的守財奴或者敗家子，一定要注意這點。

戀愛攻略

整體上來說，O型魔羯座的你，小心謹慎的性格也表現在戀愛上，你是那種真誠不做作的內斂派。當你真正對一個人動心，你也會掩藏你內心噴發的愛慕之心，表現出毫不在意的態度。

因為你追求的是真正的愛情，你厭惡虛偽，所以之前都會長期考察對方，直到認為看清了對方真正地面目，才會考慮你們的將來。你愛慕的對象一定是能夠遷就你，滿足你的野心的人。你不會在意對方的外表、條件等，你只會重視他的內在。簡而言之，你希望你的對象和你一樣有著強烈的上進心，並且很有能力，能夠實現自己的目標。你不是積極主動型，而是消極被動型，即使你確認了對方是理想的伴侶，也沒有勇氣去告訴他，在愛與不愛之間掙扎徘徊。

O型摩羯的你，外表嚴肅保守，但是魔羯在傳說中原本就是一種好色的動物，實際上你繼承了摩羯貪婪、好色的本性。你習慣以眼神凝視你感興趣的異性。如果在你身上O型氣質勝過摩羯性格，那麼你的戀愛模式是清爽單純的，這種戀愛方式

比較自在。但若是相反，你就擅長濃郁的情感，對愛情的表達是熱情奔放的。

溫馨小提醒

你的外在和內在截然相反的表現，讓人對你捉摸不透，應適當平衡綜合起來。

婚姻家庭

O型魔羯座的你，閃婚不太可能，在熱戀中走入婚姻殿堂的可能性也不大。即使在熱戀中你也不會一時頭腦發熱就結婚，你認為婚姻是終身大事，必須謹慎。你會在頭腦中一再地思索，對方是不是適合自己的人，和他組成家庭會不會幸福等類似的問題。

O型摩羯座男性會選擇會照顧家庭的女子做妻子，因為你在婚後一心拼搏在事業上，不想因為家庭的不和睦而影響事業。O型摩羯座的女性，會青睞自己信賴的並且能給自己帶來利益的人做丈夫，使自己心甘情願地守衛著家庭。

O型摩羯座，無論男女，你的婚戀觀都是十分現實而且堅貞。婚後的你會成為好丈夫或好妻子，你的責任心讓你對家庭十分負責任。雖然你也會和伴侶之間有一些吵吵鬧鬧，但你絕不會因此而引發一場家庭革命，甚至鬧離婚。你建立的家庭生活是你一心規劃的理想模式，在家庭中你將你的忍耐力和上進心發揮到極致，可以共創幸福的家庭。

你的個性十分獨立，撒嬌對於你來說是弱者的行為。一旦你發現對方的某些缺點，你都會一吐為快，而且毫不講求情面，但你也不會為了細節上的矛盾而傷神。

你對待婚姻十分理性，雖然內心裡是個富有溫情的人，但你十分在乎自己作為丈夫、妻子或者父母的面子，說出去的話你就不再收回，而且你強烈的自尊心也不允許自己認錯。因此，夫妻之間發生了什麼問題，你都會悶在心裡，以致對方對你漸漸疏遠。加上你強健的體格和旺盛的精力，別人在你眼裡都只是弱者，久而久之，你對待家人的態度漸漸冷淡，家人的感情也很受傷。

在教育孩子方面，你也想當重視，雖然你給孩子提供了很好的生長環境和學習環境。但你會不自覺地把自己的意思強加給孩子，這樣你就變成不近人情的家長了。

如果你發揮你身上的O型彈性的人際關係，你就會成為一個教育孩子的專家。

溫馨小提醒

把問題悶在心裡，那就永遠都是問題，有時候要向配偶表達你內心真正的想法。不要用自己的標準苛求別人，更不要強求孩子。

最佳速配

　　和你般配的是性格外向、熱情活潑、擅長交際的異性，因為性格互補的關係，你和這樣的異性相互吸引，也比較有共同話題。和你性格太相像的星座因為太瞭解彼此，可能剛開始會比較有默契，但相處時間久了，就會爆發很多衝突，又因為你們固執的個性，這些心裡的疙瘩是很難消除的。

　　和你速配的星座有巨蟹座、處女座、射手座，其次搭配的是天蠍座、金牛座、雙魚座，彼此擁有相似的人生觀的奮鬥目標，可以共創幸福生活。

　　給O型摩羯座女性的建議：對待A型人，必須向他敞開心扉。和B型人相處，溫暖貼心的小禮物就可以讓他感動。和AB型人相處，做最真實的自己便可以吸引他。

健康驛站

　　O型摩羯座天生具有健康的體魄，不會有重大疾病，但會有一些意外的小傷病。要注意感冒、皮膚炎、蛀牙、闌尾炎等疾病。

　　天生的好體魄也不能忽略了鍛鍊，跑步、仰臥起坐、網球、足球等都是適合你的健身方式。有壓力時你喜歡一個人去釋放。多找找朋友，你會豁然開朗。

O型×水瓶座

性格分析

O型水瓶座的你，人情味很濃，十分重視跟身邊的人的感情，同學、同事、朋友、鄰居、客戶，你都會和他們保持穩定的感情聯絡。而且總是設身處地的為他人著想，你和他們相處，一定會讓他們感覺舒服。當然，你自己也保持著良好的心態。

O型人有強大的社交能力，你很會營造熱鬧輕鬆的氛圍。熱情爽朗的你總是給人留下很好的第一印象，再加上富有個性的水瓶座，讓你的人際關係良好。你的思維十分活躍，而且也很愛動腦筋，能想到別人想不到的地方，所以常常讓人有意外驚喜，所以大家都很喜歡和你相處。但有些時候，你另類的行為也會讓大家大吃一驚。

你看重每一個在你身邊出現過的人，即使再也不見的人，也都會對你身上濃濃的人情味依依不捨。但你有個缺點，就是缺乏果斷力，容易迷惘，找不到人生的方向。

O型水瓶座十分富有激情，有時雖然你內心很激動，但O型的現實主義特徵，也不會讓你表現的太過火。不管何時，你

都秉承著「實事求是」的原則，一絲不苟，但你並不是絕對的頑固派，在保持與他人的和諧的基礎上來堅持自己的原則，這是你的優點。

另外，如果O型水瓶座的理想主義特別突出，那你追求理想的信念極為強烈，任何情況下，也很難退縮。雖然你在言語上容易激烈，但絕不會中傷他人，導致他人的厭惡。這因為你身上還有理性現實的一面。現實和理想的兩面性並不矛盾，反而能讓你獲得自在開心，你也絕不會浪費光陰。O型的現實主義和水瓶座的理想主義和諧統一，和睦共處。

O型水瓶座的人，性格開朗又富於同情心，和別人和諧共處，人緣不錯。此型的你，將現實與理想完美地融合，因此能顯現出獨特的氣質。你與各種性格的人都能交朋友，這些人對你的人生將有莫大的助益。

溫馨小提醒

重人情味的你對周圍的大多數人都熱情友善，以一種博愛的平等精神與他們相處。但對自己討厭的人要隱藏自己的厭惡，否則對他們的傷害會無法估計。

水瓶運勢

一生較為坎坷，不會有重大的變故，但是小的不快時常發生。比如和最好的朋友被迫分離，被同事排擠等。

開運的關鍵在於多交朋友，朋友運較好，朋友較多，並且

有權勢有地位的朋友較多。他們能在你危難的時候救你於水火之中，但有時也會成為成功路上的波折。

家人會帶來經濟上的支持，可能會繼承遺產。沒有財運，但也不會成為痛苦的來源。

你 開 運 的 關 鍵 在 於 多 交 朋 友 。

職場命運

你率性而為的個性讓你不在乎他人的批評，但他人的忠告往往是對自己非常有利的建議。如果獨來獨往，不顧一切地往前衝，只會給人留下不好的印象。

如果你換位思考，將自己放在他人的位置上多做考慮，善解人意的心會吸引更多的追隨者。

在工作上，你常常能夠打破傳統，以創新思維來做事，剛開始時很難讓人接受，但最後事實證明你的思路是對的，漸漸大家也就放手讓你去做。

你有一顆博愛的心，但是對討厭的人情緒外露太明顯，有時太過直接的話語會在無意中會傷害到別人。

多 培 養 自 己 的 體 貼 心 ， 在 職 場 中 會 贏 得 更 多 的 支 持 。

贏在職場

O型水瓶座的你，想像力豐富，喜歡創新設計，大家手邊常見的小物品，你都能改造成新穎獨特的新玩意。你也喜歡發明創造，經常親手製作一些獨特的小設計。你還有一個很大的優點就是，你非常擅長帶動周圍人的情緒，使氣氛熱烈而活潑，讓人感覺很放鬆，尤其對於沉默寡言的人來說，你甚至讓他們感覺到存在的價值。

所以，O型水瓶座的你身邊從不缺少朋友，更不缺少得力的助手，是你在職場能夠充分實現自己的理想和發揮自己的領導才華。你熱愛自由，極其討厭受到約束，精神上的束縛更讓你無法容忍。

身為下屬的你，厭惡專橫跋扈的上司，你不會為了生存而從事自己不喜歡的工作，待在自己覺得不舒服的工作環境。你對公家機關，或者規規矩矩的工作感到枯燥無味。因為你個性柔和，喜歡結交各種各樣的朋友，你的這個優點，對你在職場的發展十分有利。

就你的個性和專長而言，你很適合節目主持人、科學家、作家、醫生、發明家、藝術家、律師、飛行員等職業，其次天文學家、作曲家也非常適合你，在這些領域你能充分利用你的聰明頭腦，發揮你過人的想像力及獨特的設計能力，在職場上獲得成功也是水到渠成的事。

190

你是個頭腦聰明、靈活善變的人，但是你水瓶座的激烈個性表現出來的話，也許會發生跟人爭執的場面，你應學會控制自己的情緒。

社交技巧

在所有星座血型裡，O型水瓶座是最受大家歡迎的人之一，因為O型水瓶座的你天生性格爽朗並富有同情心，會熱心幫助他人，待人真誠不做作，屬於「知心姐姐」「知心大哥」的類型，所以很多人樂意找你傾訴衷腸。

你不是天生的領導者，但是善於聚集各類人才為你所用，在領導崗位上也能充分發揮自己的才能。

你雖然有些衝動，但在關鍵時刻能夠控制自己不至於招人討厭。追求理想的熱情，不會因現實而發生任何動搖，大家都被你這種純真的執著精神所打動。

O型水瓶座是你最得力的助手。

保持內心的純真，朋友們會被你感動。

財富密碼

O型水瓶座的你，安貧樂道、淡泊名利。你不熱衷追求財

富，也不熱衷於儲蓄生財，你認為錢財乃身外之物，也不汲汲於追求物質的享受，更看重精神上的愉悅。

雖然你的經濟能力不強，但你總是毫無計劃性地花錢，一段時間內你手頭比較寬裕，但馬上就會被你消費出去。加上你極其看重人情，在人際交往上絕不手軟，和朋友聚會時總是搶著付錢，經常超出你的承受能力，而且每當有朋友需要金錢上的支援時，你絕不會吝惜，甚至會傾囊相助。

另外，如果為了工作或興趣，你也會不惜花費大量金錢，以求達到更令你滿意的程度。這讓你基本上累積不了什麼財富。

你不常為錢發愁，對自己的經濟狀況相當不以為然。你認為這種生不帶來死不帶去的東西，當做生命中應該有但不應重視的東西。這對於單身的你來說無可厚非，反正「一人吃飽，全家不餓」，但是成家後的你繼續保持這種金錢態度，也許就有些不負責任。

年輕時你可以不儲蓄，利用金錢擴充自己的人脈。但成家後的你要學會理財，處理穩定的工作收入來源外，再做相應的投資。這樣一來，等你到中晚年，你的人脈有了，財富也有了，就可以過自己理想自在的生活。

溫馨小提醒

要學會利用錢財做長線投資，購買書籍或參加學習班提升自己，這都是增加財富的方法。

戀愛攻略

O型水瓶座的你，大多是自由戀愛，相親式的戀愛對於你來說十分稀少。你重視戀愛的感覺，喜歡浪漫的氛圍，你喜歡在自由的氛圍下，跟著自己的感覺走。

你在挑選戀愛對象時，一定是精挑細選，絕不貿然行事。你看重對方的外貌、條件等，但一旦真正的愛情來臨，你也會忽略這些愛情的條件。你可以在雙方差異的基礎上，和對方保持甜蜜的戀情。有藝術情調的咖啡廳、音樂廳、美術館、劇場等都是合你品味的約會地點。而且，這些地點是提升你們愛情品味的絕佳地點。

你喜歡在愛情裡花些小心思，你對待伴侶的方式總是新穎巧妙，經常給他意外的驚喜。比如你會收集一些搞笑的小新聞，或者對方感興趣的話題，你也會在裝扮上變換花樣，和你談戀愛總是輕鬆又有趣。

同時，你對待感情也乾脆俐落，如果被對方拒絕或者對方變心，你絕不會勉強，會決絕地分開。雖然你內心十分脆弱無助，你也不會在他面前表現出來。你討厭對待感情拖泥帶水，一旦分手，不會再做朋友，從此一刀兩斷。

當然，追求浪漫的你，也會考慮一些現實的因素，為一段不合適的感情浪費精力，你也不會去做。你除了重視兩人之間的感覺，你也會考慮對方和你是否談得來，是否能與你共同創建一個你理想的家庭。愛或者不愛，你都會清楚地表達出來。

溫馨小提醒

戀愛時不要把對方奉上至高的地位。

婚姻家庭

O型水瓶座的你，在戀愛時就已經有意識地考察對方，所以當你決定結婚時，已經做好了充分的準備。但是你太過理智的個性，無論是在戀愛還是婚姻中，感情一直都沒有付出全部的心思。並且會對於繁瑣的婚姻形式和平淡的婚姻生活，日漸感覺枯燥乏味。

另外，你理性的一面讓你尋思你的伴侶真正適合你嗎？他真的能給你帶來你想要的生活嗎？你的三心二意和過多的考慮有時會適得其反。事實上，既然已經下定決心和他走入婚姻的殿堂，合不合適就不再是你考慮的問題了，你應該考慮的是如何經營自己的婚姻。你們建立婚姻的那刻起，就是愛情成功的開始。

幸福的婚姻是靠你和配偶之間共同經營的，你們要培養共同的愛好，尋找共同的追求，靠著兩人的默契，在柴米油鹽醬醋茶之下的共同生活中，逐漸建立起來的。適合O型水瓶座的婚姻模式是輕輕淺淺的，太過濃烈的婚姻模式會讓你招架不住。輕淺的婚姻比濃烈的婚姻更能持久，但你對於婚姻的繁瑣始終有些不安。如果你太過於重視現實的因素，你對待婚姻會少了那麼一點熱情。

O型水瓶座的你，會將自己極好的人際關係淋漓盡致地發揮在家庭中，因為你感情豐富，所以會以配偶和孩子為中心，形成和諧的夫妻關係和親子關係。你不會和家庭成員發生糾紛，與每個人都和睦相處。假如其他家庭成員之間發生糾紛，O型水瓶座的你，憑藉自己的判斷力和協調能力也能妥善處理，說到每個人的心坎上，讓每個人都信服你。你喜歡創新的特點也會在家庭生活中充分體現，隔三差五的讓家居裝飾換個樣子，利用舊物自己做一下改造，都能讓家保持心情舒暢。

溫馨小提醒

突發奇想雖然會給家人帶來新鮮感，增進彼此的感情，但太過頻繁會讓家人疲於應付，並覺得你有些神經質。

最佳速配

最速配的星座是巨蟹座、獅子座、處女座，其次是摩羯座、射手座、天秤座，經常性格合得來，而且有共同的人生志向，較為般配。

對於O型水瓶座女性的建議是：和A型人相處，要花心思營造浪漫的氣氛。和O型人相處，要表現得極為熱情。對待B型人，要用另類的方式表達你的愛意。對待AB型人，說話儘量要簡單明瞭。

● ● ● ● ● ●
健康驛站

需要注意的是手腳、牙齒、循環系統的毛病,也很容易導致營養不均衡,因此要格外注意飲食習慣。

對於O型水瓶座,如果想要放鬆心情,到清淨的禪寺中靜修,是非常好的辦法。另外聽聽音樂會、看看電影,也能讓你釋放情緒。

你的朋友比較多,交際上的應酬也很多,交際費也不少。但過多的交際也會讓你疲於奔命,在一段時間內,一定要留給自己一天安靜的時間來思考。

O型×雙魚座

性格分析

O型雙魚座是十足的大好人,對待他人十分尊重,尊重到你看起來似乎都沒有主見。O型雙魚十分善解人意,總是首先考慮他人的感受,甚至會犧牲自己的利益,去遷就別人。

雙魚座的你,擁有春風般柔順且質樸的性格,你強大的適

應能力也不是常人能比的。你的正義感十足，喜歡打抱不平，甚至「拔刀相助」。你具有平等的博愛精神，對待誰都是那樣親切友善。你渾身散發出一種溫暖人心的力量，讓許多人都想靠近你，連眼神都具有安撫人心的作用。另外，你還具有敏銳的細膩心思，你懂得別人的喜怒哀怨，並和別人產生共鳴。不過你太在意其他人的感受而忽視自己的利益，這多少對你不太有利。適當地保留自己的意見，才是真正的愛自己。

O型雙魚座的你，心地十分善良，而且是個浪漫的理想派，你心中永遠不會放棄那個虛幻縹緲的浪漫理想。O型雙魚座的你，無論男女，心中都有超脫世俗的一顆赤子之心，你淡泊名利，不喜歡和別人爭名奪利。有的時候寧願吃啞巴虧，也不會抱怨社會的不公。性情柔順，脾氣太好，容易被勢利小人牽著鼻子走。太在意別人的看法，也會失去自己的主見，這是你最大的缺點。若是能遇到可以依靠的人，或許能夠減少你的性格缺點給自己帶來的傷害。

此型的你，如果O型血冷靜理智、現實的氣質占主導地位的話，也會出現豪爽果斷的人物。但大多數情況下，O型雙魚人性格軟弱，感情脆弱。你經常為了配合別人的步調而忽略自己，這讓你會困惑自己存在的價值，甚至在一些小事上也都會很難下定決心。缺乏決斷力，意志力薄弱，這也是你的致命傷。多培養自己的決斷力，才能真正活出自己有意義的人生。畢竟，自己的人生掌控在自己手裡。這也是你減少傷害的最佳方法。

心中那個浪漫的夢想，因為你個性的原因和現實的因素總

是無法實現，這也讓你很有挫敗感。因而會經常搖擺不定，無法確定自己要走的人生路，經常讓身邊關心你的人捶胸頓足。

　　人需要有自己的夢想，但夢想太不現實，就沒有堅持的必要了。如何把握現實和夢想和現實之間的差距，就看你能否克服自己的缺點了。

溫馨小提醒

過於在意別人眼光，就成了為別人而活。有時不妨堅持自己的原則，活出自己的人生來。

雙魚運勢

　　O型雙魚的運勢不好不壞，隨著年齡的增長，會獲得更高的地位和財富。和親人之間關係比較和睦，偶爾遇到重大苦難時都會得到親人們的大力援助。

　　婚姻生活可能不是那麼一帆風順，但經過一段時間的磨合之後，能獲得幸福的婚姻。

　　不僅在本業上取得成功，自己的副業也經營地相當好。晚年，可能會為子女操心，但能長命百歲。

　　你的朋友很多，你很信賴你的朋友，但因為心軟會招致朋友的利用。

溫馨小提醒

太過於心軟，也是一種罪過。

職場命運

O型雙魚座在職場中基本不會遇到太大的困難，無論做任何工作都能很快上手，並有中上等的表現。但絕不能因此而驕傲自大，只是你的運氣較好，有人無形中幫助了你。

O性雙魚座的你很會利用女性的特點，向大家展現出嬌羞迷人的女性魅力，因此在職場中能獲得很多人的幫助。但是你撒嬌的手法不要太做作，否則會造成反效果。

有時可以有自己的小任性，但不要過頭，多聽聽他人的經驗之談，多聽取別人的建議才能在職場中團結同事，贏得升遷的機會。

溫馨小提醒

職場不容許任性，要理智一些。

贏在職場

O型雙魚座的你，尤其是雙魚座氣質占主導地位的你，缺乏主見的缺點會較為突出，無論大事小事都做不了決定，還經常被別人牽著鼻子走，你優柔寡斷的個性讓別人很難放心地把事情交給你。

你十分在意其他人的眼光，只要別人建議你怎麼做，八成你都會按照他的意思來，甚至改變自己原來的決定。這個缺點對你來說可以是致命的，會成為你成功道路上最大的絆腳石。

一旦你被認定為無法託付事情的人，別人就很難對你改變看法，這對職場中的你來說十分不利，無論從事任何職業，可能都不會一帆風順。所以，最關鍵的是你要在態度上表現得更為積極一些。雖然你在工作上也很有責任心，但是你低調的態度無法讓人看到你的責任感。最好能展現你積極的一面，這對你的職場生涯有很大的幫助。

因為你富有同情心強，而且十分善解人意，加上天生的浪漫因數和藝術家氣質，你適合從事老師、護士舞蹈家、作曲家和作詞家等，另外，雙魚座原來是和水有緣的星座，所以你也很適合從事公共關係、海洋學家、水產養殖業等。在這些行業，只要你努力更容易做出一番成就來。建議你根據自己完善的職業計劃來選擇職業，然後，聽取他人的意見，不斷改進自己的工作做法和工作態度。

溫馨小提醒

不要在工作上搖擺不定，提前做好規劃，腳踏實地地朝自己的目標邁進。

社交技巧

O型雙魚座是社交界出名的老好人，你很在乎其他人的感受，無論做任何事都不會忽略其他人的看法。但過於尊重他人，會讓自己迷失方向，開始猶豫不決。你的性格溫柔，十分善解人意，大家和你交往感覺溫暖，有了心事也都會找你傾

訴。常常朋友傾訴完自己的鬱悶心情之後開始變輕鬆，你卻反而因為聽了朋友的煩惱而心情開始變壞。這正是你的可愛之處。不過朋友的傾訴最重要的是有你的傾聽，如何去解決不是最重要的，傾聽即是幫助他的最好辦法。否則你又會為朋友而傷神，影響自己的健康和情緒。

有時你過於在乎他人的想法，經常為了他人而遷就自己，而使自己沒有主見，即使處理小事時也會拖泥帶水。缺乏決斷力是你的致命缺點，你需要多鍛鍊自己的判斷力和決斷力，才能使自己和他人免於傷害。

溫馨小提醒

太在意他人的想法，會讓自己沒有主見。

財富密碼

O型雙魚座的你，擁有很強的財運，但因為你奢侈的消費習慣，只要是自己喜歡的，就一定會買回家。所以，通常你不會有太多的積蓄。

此型的你，因為強烈的虛榮心和超過常人的佔有欲，容易養成了奢侈的消費習慣。你有豐富的同情心，會經常施捨路邊的乞丐，雖然有人無數次告訴你，他們多是職業乞丐。還有可能在朋友找你借錢時，必定傾囊相助。你善良的心地太容易相信別人，也會讓你出現被壞人騙錢的情況。

還好你對錢財並不在意，總抱著「破財消災」的心態，讓

你免受錢財之苦。而對待金錢的淡然態度，反而會讓你遇到貴人。所以你的財運是一波三折的，即使你生活比較拮据，也能保持開朗的心境。另外，隨著年齡的增長，到晚年能為自己積存一定的積蓄。但如果不培養自己的判斷力，再強的財運，再多的貴人，你最後也會落得兩袖清風。

溫馨小提醒

沒有人能永遠幫你，只有強大自己才能真正追求到屬於自己的幸福。

戀愛攻略

O型雙魚座的你是個天生浪漫的情種，喜歡憧憬甜蜜愛情的樣子，如果對方是個白馬王子或白雪公主的形象，你就會更加癡情地沉溺到幻想中。這讓你誤以為自己陷入到戀愛中，但這其實只是一個模糊的感覺而已。

喜歡製造浪漫的你，總是容易陷入到愛情的錯覺中。身邊一旦出現一個合適的對象，他一句話或一個眼神，都可能讓你產生好感。因此，你的戀愛經驗十分豐富，形式也很多樣，單戀、多角戀等層出不窮的形式。多情的你，總是有很多感情的苦惱。你對每次戀愛都全身心投入，最後痛苦的也是自己。

每當你陷入到戀愛中，你會一改平時冷淡的樣子，開始變得活躍主動起來，在社交中你也變得侃侃而談，你周圍的人都感到你歡喜的情緒。O型雙魚座的女性，會甘願為愛情做出任

202

何犧牲，願意為了自己的伴侶變得溫柔，願意為對方而改變，而且要求自己變成他心目中的理想情人。O型雙魚座男性也會一改自己的大男人主義，為了對方可以做出改變甚至妥協。這樣的你太過於看重戀情，經常容易陷入愛情的泥沼無法自拔，使自己深受傷害。

你喜歡戀愛的感覺，身邊一旦有人展開強烈的追求攻勢就會招架不住，即使你很可能不愛對方。但當你的O型冷靜和理智的氣質展現出來時，也沒什麼問題，只是你也缺乏戀愛主見，一旦別人對你大方示好，你就會不自覺地投入到一場戀愛中。因為你的軟弱無主見，只要對方的態度很強硬，你就會順著他的意思，這會讓你很受傷。

溫馨小提醒

有的時候要懂得拒絕，以免陷入愛情的糾葛裡。

婚姻家庭

O型雙魚座的你，在戀愛時搖擺不定並且沒有主見，讓人覺得你三心二意。婚姻對於你來說有收心的作用，它能使你的心安定下來，婚姻的社會世俗約束力量會讓你漸漸開始有自己的主見。所以，你選擇的配偶，一定是具有決斷力，對你溫柔體貼無論在任何事上都能夠正確地指引你。

只要你能夠選擇一個值得信賴的對象，就能建立一個安定而且幸福的家庭。婚後的你，因為婚姻讓你開始有擔當，並開

始變成熟，有勇氣面對做決定的挑戰。所以，你婚姻幸福的關鍵是找一個真正值得信賴的對象，若是選了一個和你個性相似，尤其是有著同樣優柔寡斷缺點的人，那麼遇到小事，還可勉強應付，但對待重大事情，就只有互相推諉了。

O型雙魚座的男性，比較適合姐弟戀，因為年齡較長的女性能讓他成熟起來。而O型雙魚座的女性喜歡找兄長般的給她主見的人。總而言之，O型雙魚座的你，無論男女，只要選擇了適合的配偶，都會變成好丈夫、好妻子。尤其是O型雙魚座女性，在婚後比婚前有很大的變化。你會改變過去多愁善感的性格，主動承擔起照顧家庭的重要責任。

不管怎樣，婚姻和家庭對O型雙魚座的你來說，具有深遠的意義，你投入到家庭中，並體會家庭的無限溫暖。但你對愛情的狂熱轉嫁到婚姻中，你神經質的一面會突顯出來。一旦配偶有一絲的風吹草動，你就會莫名其妙的歇斯底里。你希望配偶將所有的注意力集中到你身上來，這種狀況在有了孩子之後才會漸漸好轉。

如果婚姻關係瀕臨破裂，你就會糾纏不休，使家庭裡籠罩著凄風苦雨，這樣就更加難以完美脫身了。

溫馨小提醒

婚姻對於你來說很重要，要善於利用婚姻的轉機，使自己迅速成長。

最佳速配

和O型雙魚座女性最般配的就是具有決斷力，富有男子漢氣魄的男性。你在這樣的異性面前會顯現出異常溫柔的女人味，你們性格上的互補，可以創造幸福的婚姻。

巨蟹座、天蠍座適合O型雙魚最為速配的星座，你們之間有許多默契，能經過時間的考驗，能收穫圓滿的結果。AB型雙子座和AB型射手座，是最不適合你的星座。

給O型雙魚座的建議：對待A型人，要用溫柔的語言和舉動打動他。對待B型人，最好順著他的意思。和AB型人相處，在給予他自由空間的同時表現出體貼。

健康驛站

你常常忽略自己的身體健康狀況，因為忙碌或是對自己的體質過於自信。在身體稍感不適時要及時就診，延誤了醫治只會拖垮自己的身體。你需要注意泌尿系統、消化系統方面的疾病，還要注意眼睛、皮膚、牙齒等小毛病的困擾。

在平時要注意一些細節方面的健康問題，比如按時吃飯，每天鍛鍊身體等等。你比較適合外出旅行，因為你熱愛大自然，經常接觸接觸大自然，為下一階段的生活積蓄更多的力量，會讓你更加從容。

永續圖書
線上購物網

www.foreverbooks.com.tw

◆ 加入會員即享活動及會員折扣。

◆ 每月均有優惠活動，期期不同。

◆ 新加入會員三天內訂購書籍不限本數金額，
即贈送精選書籍一本。（依網站標示為主）

專業圖書發行、書局經銷、圖書出版

永續圖書總代理：

五觀藝術出版社、培育文化、棋茵出版社、大拓文化、讀
品文化、雅典文化、知音人文化、手藝家出版社、璞申文
化、智學堂文化、語言鳥文化

活動期內，永續圖書將保留變更或終止該活動之權利及最終決定權。

▶ 專屬 O 型人的血型星座大解析　　　（讀品讀者回函卡）

■ 謝謝您購買這本書，請詳細填寫本卡各欄後寄回，我們每月將抽選一百名回函讀者寄出精美禮物，並享有生日當月購書優惠！
想知道更多更即時的消息，請搜尋 "永續圖書粉絲團"

■ 您也可以使用傳真或是掃描圖檔寄回公司信箱，謝謝。
傳真電話：（02）8647-3660　　　信箱：yungjiuh@ms45.hinet.net

◆ 姓名：＿＿＿＿＿＿＿＿＿＿　□男 □女　　　□單身 □已婚

◆ 生日：＿＿＿＿＿＿＿＿＿＿　□非會員　　　□已是會員

◆ E-mail：＿＿＿＿＿＿＿＿＿＿　電話：（　）＿＿＿＿＿

◆ 地址：＿＿＿＿＿＿＿＿＿＿＿＿＿＿＿＿＿＿＿＿＿＿＿＿

◆ 學歷：□高中以下　□專科或大學　□研究所以上 □其他＿＿＿＿

◆ 職業：□學生　□資訊　□製造　□行銷　□服務　□金融

　　　　□傳播　□公教　□軍警　□自由　□家管　□其他＿＿＿＿

◆ 閱讀嗜好：□兩性　□心理　□勵志　□傳記　□文學　□健康

　　　　　　□財經　□企管　□行銷　□休閒　□小說　□其他

◆ 您平均一年購書：□5本以下 □6~10本　□11~20本

　　　　　　　　　□21~30本以下　□30本以上

◆ 購買此書的金額：＿＿＿＿＿＿＿＿

◆ 購自：□連鎖書店　□一般書局　□量販店　□超商　□書展

　　　　□郵購　　　□網路訂購　□其他

◆ 您購買此書的原因：□書名　□作者　□內容　□封面

　　　　　　　　　　□版面設計　□其他

◆ 建議改進：□內容　□封面　□版面設計　□其他＿＿＿＿＿

　　您的建議：

讀好書品嚐人生的美味

專屬 O 型人的血型星座大解析